BOUSAI HANDBOOK

「もしも」に役立つ！おやこで防災力アップ

管理栄養士・防災士
災害食専門員
今泉マユ子
Imaizumi Mayuko

清流出版

はじめに

いまだに忘れることができない東日本大震災。二〇一一年三月一一日のあの日、私は無力でした。

震災直後、日本栄養士会から被災地支援の要請がきたのですが、当時中学生の娘と、幼稚園生だった息子を家に残して現地に行くことができず、自分は役立たずだと辛く、また被災者の方々に申し訳ない思いになったものでした。

でも、その後、たとえ行くことができなくても、自分にできることがあるはずだと気持ちを切り替え、私にできることは何かを探し続けてきました。

そして、「赤ちゃんからご高齢者まで、すべての方の心と体の健康を守る」という管理栄養士としての使命に燃え、今日まで六年間、災害食、防災食の必要性とそのレシピをお伝えしています。

二人の子どもを持つ母親として、また管理栄養士として私が心がけていることは、毎日の食事を大切にして健康を維持することです。

家族のため、地域のために、大規模災害が起きたとき、自分に何ができるかを常に考え、どんな状況になっても対処できるようにあらゆることを想像し体験し、知る努力を続けてきました。

自分の防災力をアップさせるために、二〇一四年に日本災害食学会災害食専門員、二〇一五年に日本栄養士会災害支援チームのリーダーとなり、二〇一五年一般社団法人地盤保全協会「地盤コンシェルジュ®」、二〇一六年「環境アレルギーアドバイザー」、そして二〇一七年には、分厚い教本と格闘し、「防災士」の資格を取得しました。学びのすべてが防災につながっています。

資格は取得することが目的ではなく、どう生かすかが大切、ということを肝に銘じ、一人でも多くの方に災害時の備えの重要性をお伝えしたい。それが私にできることだと思っています。そしてさらに、皆様がご家庭や地域で、備えの大切さを広めてくださることで自助、共助が進むことを願っています。


いつどこで災害にあうかわかりません。大災害による被害を最小限に食い止めるために、今からできるかぎりの備えをしておくことをおすすめします。災害が起きてからできることは限られていますが、今できることはたくさんあります。

大人はもちろん、お子さんにも「防災力」を身につけていただきたいと思っています。

親子で一緒に防災力をアップし、「もしも」に備えましょう。

Part1 そのとき、どうする？

CONTENTS

Part 3 備えて安心

Part 4 そのあと、どうする？

Part 5 かんたん、時短「即食レシピ」

すぐできるからね！

イラスト　くすはら順子
ブックデザイン　白畠かおり
撮影　田邊美樹

BOUSAI HANDBOOK

Part 1

そのとき、どうする？

1 どうして防災シミュレーションが必要なの？

いつもお母さんが、そばにいるとはかぎりません！
どこで災害にあっても、あせらないために防災力をアップしましょう。

防災シミュレーションは今だからこそ、できること

災害は時と場所を選びません。何月何日何曜日、季節や天気によって、服装も違い必要な物も違ってきます。

そのとき、どこにいるのか、家族と一緒にいるのか、自分一人でいるときなのか、誰にもわかりません。

家の中では料理中、食事中、トイレ、お風呂、寝ている間。外出中では学校、会社、エレベーター、地下街、お店の中、車を運転中、電車の中などそれぞれで、どう行動したらいいかが違ってきます。災害時に大切なことは、パニックにならず、落ち着いて行動をすること。

そのためには普段から想像力を働かせて、**「今、地震が起きたらまず何をしよう？　何をすればいいの？」ということを考えてみてください。**

それが防災シミュレーションをすると

いうことです。何も起きていない今だからこそ、できることだと思います。

誰もが突然、災害弱者になってしまう！

もし、あなたがメガネをかけていたら、**突然の揺れによって転倒したときに、メガネが外れて壊れたら、誰かに誘導してもらわなければ歩けません。**

目の前のがれきにも気がつかないという危険にさらされてしまいます。同じく、美容室やスイミングスクールなどでも、メガネをはずすことでしょう。

また、歯科で治療中に災害が起き、入歯を外したまま避難したら、避難所では、食べられるものが限られてしまうかもしれません。

普段は気がつかない自分の弱点はありませんか？ 普段から災害時の状況を想像し、落ち着いて行動ができるように、家族で備えましょう。

もしも

学校にいたら

すぐに行動できるように日頃の練習が大切

学校では先生の指示があるので、それに従いますが、**自分で落ち着いて行動ができるように、日頃から繰り返し練習をしておきましょう。**

教室にいるとき

すぐに机の下にもぐり、机の脚をしっかり持ちます。学校の机は軽いので、揺れによって移動することがあります。

上下に動くと頭をケガすることがあるので、必ず机の脚を持って揺れがおさまるのを待ちましょう。

図書室にいるとき

図書室ではすぐに本棚から離れてください。**本が落ちてきたり、本棚が倒れて下敷きになる**恐れがあります。

家庭科室、調理実習室にいるとき

火を使っていたら消します。ただし**揺れが激しいと、油やお湯が鍋からあふれて大やけどをすることもある**ので、無理に火を消さずに、身の安全をはかります。

音楽室、美術室、理科室などにいるとき

音楽室では**移動しそうなピアノから離れること。**音楽家や画家の肖像画が飾ってある場所では、落下する危険があるの

で壁から離れましょう。

理科室は危険な薬品やガラス、ビーカーなどがいっぱいあり危険です。**パソコンやコピー機なども飛んでくると凶器になります。**机の下にもぐるか教科書などで頭を守ってください。そして必ず上履きを履いているか確認してください。

体育館にいるとき

体育館では天井、蛍光灯、窓ガラスの落下などが予想されます。

体育用具の転倒も危険なので、そばを離れて真ん中に集まり、そこで**ダンゴ虫のように、手で頭を守りながら揺れがおさまるのを待ちましょう。**

トイレにいるとき

ドアが開かなくなり閉じ込められる危険があります。トイレで揺れを感じたら、**恥ずかしがらずにドアを少し開けるようにしましょう。**

階段、廊下、昇降口にいるとき

窓ガラスが割れたり、ゲタ箱やロッカーが倒れてくることがあるので、すぐにその場を離れて、近くの教室に入って机の下にもぐってください。

近くに教室がなければ、窓や蛍光灯の下を避け、ランドセルやカバンで頭を守ってください。

校庭にいるとき

窓ガラスが割れたり、ゴールポストや塀が倒れるおそれがあるので、**揺れを感じたらすぐに校舎や塀から離れ、校庭の真ん中に集まって腰をおろしましょう。**

避難するとき

必ず先生の指示に従い、**「押さない、走らない、しゃべらない」**を守りましょう。

登下校中や放課後のとき

切れた電線、崩れた壁、地割れ、道路の陥没などに気をつけて、**友達と一緒であれば、できるだけ集団で行動をしましょう。**

余震に備えて、危険な建物には近づかないでください。

もしも

道を歩いていたら

災害時の道路は危険がいっぱい！

看板などの落下物やガラスの破片、倒壊物などが降るように飛んでくる可能性があります。外を歩いているときに揺れがきたら、まずは頭上からの落下物に気をつけましょう。

住宅街では、**ブロック塀や植木、自動販売機や電信柱などが倒壊する危険**があります。

＊持っているカバンやバッグ、上着で頭を守りながらその場を離れるようにしてください。

＊上下左右に細心の注意を払って安全な場所へ逃げ込むようにしましょう。

街中で比較的安全と言われているのは……

銀行や金融関係のビル

新しい高層ビル

▶ 耐震性に優れているため。

ガソリンスタンド

▶ 消防法の厳しい建築基準をクリアしているため、地震や火事に強いと言われています。

もしも

電車に乗っていたら

電車の緊急停車に注意！

電車に乗る前、ホームにいたら、カバンやバッグで頭を守り、ホームから転落しないように、ホーム中央に移動しましょう。電車に乗っていると、**緊急停車によって、人にぶつかったり倒れたりすることがあります。**

＊窓際から離れ、手すりや吊り革につかまりましょう。

＊姿勢を低くし、カバンやバッグなどを頭と首筋にあて、網棚の落下物や急停車に備えます。

＊原則として乗務員や駅員の指示に従いましょう。

大人が気をつけること

車内で火災が発生したら

▶乗務員に知らせてから、車両ごとに設置してある消火器で初期消火します。それでも煙が充満してきたら、非常用手動扉開閉器を操作して外部に脱出することができます。

▶火災が発生していないのに、扉開閉器を操作して外へ飛び出すのは非常に危険です。電車と線路とは段差がありケガをする恐れがあります。

もしも

地下鉄に乗っていたら

あわてずに、乗務員や駅員の指示に従いましょう

地震の揺れを感じたら、

＊窓ガラスから離れ、できるだけ車両の中央の手すりや吊り革につかまり、両足で踏ん張って揺れに耐えましょう。

＊原則として乗務員や駅員の指示に従いましょう。

地下鉄は**構内が崩壊したり、火災やガス漏れ、水の流入がない限り比較的安全**です。地下鉄には各所に地震計が設置されていて、震度４以上の揺れや一定の加速度を検出すると、運転指令所から信号が出て、自動的または手動で停止します。**緊急時でも、車両内は非常用バッテリーで照明が確保されます。**

また、ドアの開け閉め、客室放送設備、無線なども30分は非常電源で作動できるので、あわてないで乗務員や駅員の指示に従って行動しましょう。

地下鉄のドアも非常用手動扉開閉器で開けることはできますが、**いきなり飛び出すと反対車線の車両が走行している可能性もありますので危険**です。

地下鉄などは運転席や車掌席の近く（先頭車両と最後尾車両）に**非常用脱出タラップがついています**ので、係員の指示に従ってそこから避難してください。

＊いつも乗る電車が決まっていれば、親子で確認しておきましょう。

もしも バスに乗っていたら

バスは急ブレーキがかかる転倒に注意！

大地震が起きたらバスは運転手の判断で停車するので、急ブレーキに気をつけましょう。**急ブレーキがかかると、転倒したりして大ケガの原因になります。**

＊すぐに吊り革や手すりにつかまって衝撃に備えてください。

＊割れる危険のある窓ガラスから離れることも忘れないようにしましょう。

バスから降りてからも、危険がいっぱい！

＊ほかの自動車の暴走に注意。

＊周囲の建物などからの落下物や倒壊に注意。

＊高速道路や橋の上にいた場合は直ちにそこから離れましょう。

バスに乗っている場合も停車したあとも、運転手さんの指示に従って行動してください。

もしも

地下街にいたら

パニックが危険。地上に出たいとあせらないことが大切

日本の地下街は、火災報知器、消火栓、誘導灯、消火器などの設備や、火事のとき煙を排出する設備や防火、防煙シャッターなど、**防災対策がしっかりされているので、落ち着いて行動しましょう。**

地下街で一番怖いのはパニックです。地上に脱出したい人たちが出入り口や階段にあふれる危険性があります。

冷静さを欠いてしまうので、**倒れた人を踏みつけて逃げようとするときに悲劇が起こります。**

＊揺れがおさまってから、非常口から地上に脱出します。

＊非常照明がつかなかったり、煙が充満して非常口が見えなくても壁にそって歩けば必ず出口に行き着きます。

自宅で練習を

地下街にいることを想定して

▶子どもと一緒に、電気が消え煙が出ている地下街にいると想定して、身をかがめハンカチで口と鼻をおおい、片手で壁を触りながら歩く練習をしておくことをおすすめします。

もしも

エレベーターの中にいたら

揺れがおさまっても
絶対に使用しない!

エレベーター内で強い揺れを感じたら、まずすることは、
*すべての階の行先ボタンを押します。
*何階でも、とにかく止まった階で降りましょう。

地震時管制運転装置が設置されているエレベーターは、装置の種類や設定にもよりますが、**震度4以上の地震を感知したら、自動的に最寄りの階に止まるように設計されています。**

でも、実際には阪神・淡路大震災や東日本大震災のときもエレベーター内に閉じ込められたというケースが何件もありました。

運よく止まったら、その階で降りて非常階段で脱出しましょう。

揺れがおさまって、エレベーターが動き出したとしても絶対に使用しないでください。

大きな地震発生後には、余震が起こる可能性があるからです。

もしエレベーターの中に閉じ込められてしまったら、
*緊急通報ボタンを押して、管理会社と連絡を取り救助を待ちましょう。

管理会社自体が被災していて**インターホンがつながらなかったら、携帯電話な**

どで警察や消防に通報して、あせらずに救助を待つようにしてください。

エスカレーターでの注意点

エスカレーターに乗るときは、普段から必ず、手すりに手をかけて乗るようにしましょう。

地震が起こった場合、その揺れで急停止することもあり、前のめりになり転落または将棋倒しになってしまうことがあります。

＊地震が発生した場合、エレベーターと同じようにエスカレーターも利用しないでください。

もしも

コンビニ、スーパー、デパートにいたら

商品が凶器になることも

コンビニやスーパー、デパートなどでは、**ガラスのショーウインドーが割れたり、化粧品や酒ビンなどのガラス製品が揺れによって飛んできます。**

＊それらが割れて大ケガをすることも。商品が凶器となるので注意が必要。

＊揺れを感じて、商品棚の間の狭い場所に逃げ込むのも危険です。棚が倒れて、下敷きになる危険があります。

阪神・淡路大震災のとき、震度7の地域にあったコンビニの中は、商品棚が将棋倒しとなり、照明器具が落下し、天井が落ちているところもありました。

大型スーパーやデパートなどでは、どのフロアにいるかでも危険度は違いますが、**大勢の客でにぎわっている食料品フ**

ロアではパニックが起きやすいとされています。

また重い物が多い家具売り場や家電フロアは危険だと考えてください。

天井にも色々な表示板が吊るしてあるので、その落下物にも気をつけてください。

大きな揺れを感じたら、

＊レジのカゴで頭を守る、またはバッグや上着などで頭を守る。

＊商品棚から離れて、周囲に物がない広めの場所を探して、身を低くして揺れがおさまるのを待ちましょう。

避難するときの注意は、

＊エレベーターで避難するのは避ける。

＊すみやかに冷静に非常階段や非常口から避難する。

避難のときの注意

一か所に人が殺到する

▶人は、入った所から出て行こうとします。出口を求めて一か所に殺到しがちに。巻き込まれないよう注意し別の出口を探すようにしましょう。反対方向や裏口に通じる非常口があるはずです。

▶停電しても、緑の避難口誘導灯が20分以上点灯し続けるように法律で定められています。それを探しましょう。

もしも

子どもが1人で留守番をしていたら

自分の命は自分で守る

地震の恐怖と一人でいる心細さを想像してください。**子どもが自分で自分の命を守れる術を教えるのも親の役目**です。

地震を感じたときはどんなに小さな揺れでも、**すぐに安全な行動をとることが必要**であることを伝えてください。

そのとき、どうしたらいい？

＊動けないほどの大きな地震が起きたら、そばにある物で頭を守ります。絵本、カバン、クッションなどを頭の上にのせます。

＊動けるようだったら、テーブルや机の下などに入りダンゴ虫のように体を丸めて、全身を守りましょう。

この全身を守れる場所が家の中にあるか、窓ガラスや食器棚、テレビなどが近くにないか、出入り口に近いかなどを、**あらかじめ親子で確認**しておきます。

安全な行動をとるために

ダンゴ虫練習を

▶普段から親子で、色々な場面で「地震だ！」と繰り返し避難の練習をしておきましょう。

もしも

キッチンにいたら

キッチンは家の中の危険地帯

地震で怖いのは火事です。たまたま調理中だった場合はその場で火を消しましょう。

しかし、**揺れている最中に、わざわざ火を消しに行くのは危険**です。最近のガスコンロは大きな揺れを感じると自動的に止まる自動遮断装置つきのものが多いかと思います。確認をしておきましょう。

キッチンには**地震の揺れによって凶器に変わる道具類がたくさんあります。**

＊電化製品や割れやすい食器、冷蔵庫から飛び出してきたビン詰も凶器に。

＊特に包丁が飛んできたら恐ろしいことになります。**包丁だけは、きちんとしまっておける場所に収納**しましょう。

キッチンは危険地帯です。たとえ食事中でも、なるべく早く安全な場所に移動し、揺れがおさまるのを待つようにしてください。

もしも

トイレ、お風呂にいたら

すぐに脱出して、玄関などの安全ゾーンへ避難

トイレもお風呂も各部屋も、**落下物や、地震でドアが歪むと開かなくなり避難できなくなる**可能性があります。

＊揺れを感じたらすぐにドアを開けて逃げ道を作るくせをつけましょう。

以前は「地震のときはトイレへ逃げろ」と教えられていました。柱に囲まれた空間が安全だと思われていたためです。でも今は建築方法が変わり、トイレは柱で区切られていない場合もあります。

入浴中の場合は、浴室は鏡やガラスがあり、**揺れで破損物が飛び散りケガをしやすい**ので、注意が必要です。

＊まずは洗面器などを頭にかぶり、バスタオルや衣類を持って、ドアを開けましょう。

揺れが大きいときは衣類を身につける余裕はありません。**一時の恥よりも、まずは命を守ることを最優先に考えて行動する**ようにしてください。

もしも

車を運転中だったら

大事故にならないように最大限の注意を

親が運転して、隣りに子どもを乗せることも多いでしょう。

震度5以上の大きな揺れの場合、車全体がバウンドして、パンクしたときのようにハンドルをとられます。東日本大震災の発生時に運転中だった私は、その怖さを、身をもって体験しました。

急ブレーキを踏むと追突事故を引き起こしかねないので注意しましょう。

そのとき、どうしたらいい？

＊前後の車に注意してスピードを落とし、左側に一旦停車する。

＊車が動くようなら横道へ逸れ、駐車場か広場に停める。

＊ラジオで災害情報を収集する。

＊連絡先メモを残し、車検証を持って徒歩で避難する。

道路に車を放置すると、救急車や救助隊の通行の妨げになる可能性があるので、**ドアロックをしないで、キーをつけたままにしておきます。**

中学生、高校生が地域を守る

「津波てんでんこ」という言葉を聞いたことがありますか？「てんでんこ」とは「各自」のこと。海岸で大きな揺れあったときには津波が来るから、てんでんばらばらに一刻も早く高台に逃げて、自分の命を守れ、という教えです。

この教訓に基づき、群馬大学教授の片田敏孝先生の指導のもと避難訓練を8年間重ねてきた岩手県釜石市内の小中学校では、全児童、生徒約3000人が即座に避難。生存率99.8%という成果を挙げて「釜石の奇跡」と呼ばれています。

私は平成28年に開催された埼玉県地震対策セミナーで講演を行いました。そのとき、片田先生の講演も同時に行われ、先生にお話をうかがう機会を得ました。

先生とお話しをした私は、防災には中学生、高校生の力が必要だと思いました。平日の昼間、家にいるのは乳幼児やお母さん、ご高齢者です。中学生、高校生が近隣住民、地域を守る担い手になります。

例えば、保育園では保育士の人数よりも、赤ちゃんのほうが多くいます。災害が起こったときに近くの中学生、高校生が一緒に赤ちゃんを抱っこして逃げてくれたらどれほど助かるでしょう。ご高齢者や困っている人の荷物を持つ、お手伝いをする。避難所で物資の運搬のお手伝いをしたり、子どもたちと遊んであげるなど、できることはたくさんあります。

中学生、高校生の皆さんは、「助けられる人」から「助ける人」になってください。

でも、これだけは覚えておいてください。

防災を学び責任感をもって救助をすることはすばらしい行為ですが、大切なのは「そのときにできる最善を尽くす」ことです。

無理だと思ったら救助を諦め、助けを呼ぶことや、逃げて自分の命を守ってください。

BOUSAI HANDBOOK

Part 2

「もしも」のときって、どんなとき？

2 「もしも」のときって、どんなとき？

災害は地震だけではありません！
親と子、どちらにも「防災力」が必要です。

あわてず臨機応変に素早く判断できるように

地震大国日本では、首都直下型地震や南海トラフ地震の可能性が指摘されていますが、**災害は地震だけではありません。**

近年の異常気象の影響とされるゲリラ豪雨や竜巻のほかにも火山噴火、豪雪、雪崩、洪水、土砂災害、土石流、火災など、**防ぎきれない災害がたくさんあります。**

自然災害のほかにも、新型インフルエンザ、テロ、武力闘争など心配の種はつきないのが現状です。

いつ、どこで何が起こっても不思議ではないのが今の日本。**何があっても、親は子どもを守らなければなりません。**あわてず臨機応変に素早く判断することが必要です。そのためには、日頃から防災に対する意識を高めて、備えをしていく。それが「もしも」のときに必ず役立ってくれることでしょう。

一方で、いつも親が子どものそばにいるとはかぎりません。**自分の身を守るための防災力を子どもにも伝えてほしい**と思います。災害に負けずに生き抜くために、親子一緒に防災力を高めましょう。

「異常気象」に備える

最近では、温暖化の影響といわれていますが、異常気象が原因で自然災害の被害が多くなっています。

台風や豪雨によって起こる河川の氾濫や土石流といった土砂災害も他人事ではありません。自宅が沿岸部なら高潮に注意、海抜が低い場所なら浸水など、**地域ごとのリスクを知り、指定されている避難場所を、家族で確認しておきましょう。**

「火山噴火」に備える

日本は火山大国で、たくさんの活火山があります。火山が噴火すると長期にわたって避難生活を送らなければならなくなる可能性があります。自宅から少し離れた所に、親戚や友人宅などがあれば、避難先として話し合っておくことをおすすめします。

火山灰は遠く離れた場所まで広範囲に降り注ぐと考えられます。粉塵《ふんじん》から眼や喉《のど》を守るために、防塵マスクや防塵ゴーグルを備えておくと安心です。

「新型インフルエンザ」に備える

新型インフルエンザに対する免疫は誰

にもないので、人から人への感染が速く、急速な世界的大流行を起こす危険性があると言われています。

生活や経済への悪影響を最小にするために内閣総理大臣が「新型インフルエンザ等緊急事態宣言」を行うと、都道府県知事は住民に対し外出の自粛を要請できます。この**外出自粛が出されたら、私たちは家から出ることができません。**

家族2週間分の食料を備えましょう。

「テロ」「武力行使」に備える

考えたくはありませんが、今は**テロや軍事力を使う武力行使の危険性がある**ということも忘れないようにしたいものです。

武力攻撃やテロの発生や危険があるときには、政府は24時間いつでも全国瞬時警報システムを使用し、緊急情報を伝達します。市町村から原則として特別なサイレン音を使用した**防災行政無線により、注意を呼びかける**ことになっています。「内閣官房　国民保護ポータルサイト」のホームページ、http://www.kokuminhogo.go.jp/arekore/shudan.htmlで、「国民保護に係る警報のサイレン音」を聞くことができます。

警報をはじめ、行政機関からの伝達事項やテレビ、ラジオの情報を十分に聞き、**どのように行動すればよいかを判断するための、正しい情報を把握することが重要です。**

地震と、テロ、武力行使とでは避難行動が異なります。地震の場合は建物内から外へ避難。テロ、武力行使の場合は、地下街や建物の中、物陰などに逃げ込んでください。また、地震対策と同じように、水や食料などを備えておきましょう。

テロや武力行使の危険があり、警報が発令された場合には、どうしたら？

屋内にいる場合

＊ドアや窓を全部閉めましょう。
＊ガス、水道、換気扇を止めましょう。
＊ドア、壁、窓から離れて座りましょう。

屋外にいる場合

＊頑丈な建物や地下街など屋内に避難しましょう。
＊農作業中は土管や農業用水のトンネルの中へ避難しましょう。
＊畑などでは道路の立体交差、陸橋、高架の下に身を潜めましょう。
＊用水路の橋の下など物陰に隠れましょう。

身の回りで急な爆発が起こった場合

＊すぐに姿勢を低くし、頭を保護して、身の安全を守りましょう。
＊周囲で物が落下している場合には、おさまるまで、頑丈なテーブルなどの下に身を隠しましょう。
＊その後、爆発が起こった建物などからできる限り速やかに離れましょう。
＊警察や消防の指示に従って、落ち着いて行動しましょう。

瓦礫（がれき）に閉じ込められた場合

＊口と鼻をハンカチでおおう。
＊自分の居場所を周りに知らせるために、配管などを叩きましょう。
＊粉塵などを吸い込む可能性があるので、大声をあげるのは最後の手段としましょう。

3 「もしも」のときの対策で、最優先することは？

自宅を安全な場所にしましょう。
防災対策の優先順位は、まず命を守ることです。

備えを無駄にしないためにわが家の安全対策を

防災対策で一番大切なのは何だと思いますか。「水や食料の備蓄」は大切ですが、それらは発生後に必要な物であって、災害を防ぐための物ではありません。

せっかくたくさん備蓄したとしても、**家が倒壊してしまったら、準備した食料や水、その他の備えが無駄になります。**

防災対策の優先順位は、まず命を守る、

死なないための対策。そのためには、**自宅を安全な場所にしましょう。**

対策1 耐震診断のすすめ

被害を最小限に食い止めるための方法の一つとして、住宅や建築物の耐震化が重要です。

旧耐震基準（1981年以前）で建てられたものが〝すべて危険〟ではありませんが注意が必要です。安全確保のために、早めの耐震診断を考えてみてください。

対策2 家の中の安全対策

阪神・淡路大震災のときは、家がくずれたり家具が倒れたりしたことによって多くの方が亡くなりました。

普段、避難訓練をしていたとしても、寝ている間に災害が起きると、人はとっさに動けません。何はともあれ家の中の安全対策が一番重要となります。

赤ちゃんがお昼寝しているときのことを想像してください。親子が別々の部屋にいるときに地震がきたら……。家具の配置を見直しましょう。

▼危険ポイントチェック

倒れる物、移動してしまう物、落下する物、照明器具、電気製品、水槽、窓ガラス、出入り口の確保、ドアの前や廊下、階段に物を置いていないかをチェック。

家族みんなの防災力を高めましょう。
一人一人が自分の命を守れるように備えましょう。

対策1 わが家の防災会議を開く

防災について家族みんなで話し合い、共通のルールを決めておきましょう。災害が起きたときにどう行動するのか？　家族とどうやって連絡を取り合うのか？　などを話し合いましょう。

そうすれば、たとえ一時、家族がバラバラになっても、かならず合流できるという安心感を持つことができます。

▼話し合うべきポイント

①災害時にあわてないための知識や、家族が落ち合う避難場所、役割分担、貴重品リストとその置き場などを、用紙

に書きつけ、家族全員がわかるようにしておきましょう。
②災害が起こったとき、家族がバラバラだった場合の連絡方法を考えておきましょう。災害時は思わぬことが起こります。3～4種類の連絡方法を考えておくことをおすすめします。
③家族の毎日の行動予定を把握しておくと、いざ災害が起きたときに、どこにいるのか心配をせずにすみます。自宅や通勤・通学路周辺にある危険な場所を確認し、「災害時帰宅支援ステーション」や公園など助けになる場所がわかる防災マップもあると便利です。

対策2 わが家の避難訓練のすすめ

保育園、幼稚園、小、中、高校、大学、職場、病院、地域、行政など、あらゆる場所で避難訓練を行っていると思います。では、家族で避難訓練をしていますか？　地域で行う避難訓練と家族で行う避難訓練は違います。わが家の避難訓練をぜひ行ってください。

防災シミュレーションとして、家族みんなで、祖父母世代も合流し訓練をしましょう。その目的は、家族で防災について話し合い、意識を高め、一人一人が自分の命を守れるように備えることにあります。

▼避難訓練のポイント

①火災の場合の通報、連絡訓練

火災を発見したときはすぐに119番通報できるように、また、子どもが自分の家の住所を言えるように訓練しておいてください。

②初期消火訓練

火災を見つけたときは、119番通報

するとともに、消火器で初期消火を試みます。どこに消火器があるか確認しておいてください。

ただし、決して無理をしないこと。火が大きくなったらすぐに逃げることを子どもには教えておきましょう。

③避難誘導訓練

家の中のどこにいても、災害が起きたときに、安全に外に出るためにはどうすればよいか、子どもと実際に行動して確認しておきましょう。

そしてわが家の指定避難所を確認して、避難途中に危ないところはないか、必ず一緒に歩いて確認しましょう。

明るい昼間だけでなく、停電した夜を歩くこともありますので、夜の避難訓練も大切です。

④その他の訓練

＊家族と避難場所を確認⇩わが家は集合場所以外に、集合時間も決めています。

＊安否確認方法の確認⇩災害時伝言ダイヤルを試してみましょう。

＊防災グッズの備えの確認⇩手回し充電ラジオを使ってみましょう。

＊帰宅経路の確認⇩交通がすべて止まったときにどうするか考えましょう。

＊水や食料の備え⇩賞味期限の確認をしましょう。

＊非常用トイレの備え⇩実際に使ってみ

ましょう。

＊ハザードマップの確認⇓よく行く場所もチェックしておきましょう。

対策3 わが家で「防災ランチ®」を

長い夏休みなど、子どものお昼ご飯を考えるのが億劫というときもありますよね。そんなときは「防災ランチ®」をおすすめします。

災害時は、限られた状況での食事作りとなります。簡単に作ることができない料理は不向き。ということは、災害食は子どもでも作れるということです。夏休みはよい機会なので、子どもと一緒に作ってみましょう。

また、アルファ化米や缶詰のパンなど、もったいないと思わずに普段から食べて、食べた分を補充すると賞味期限切れを防ぐことができます。缶詰を組み合わせたり、乾物を利用してポリ袋で混ぜるだけでおいしく簡単に作れる料理などは、男の子でも楽しめることでしょう。

普段から「防災ランチ®」を経験しておくと、もしも家で一人になってしまったときも、自分の食べる分は自分で作ることができるようになります。

私の備え

1
非常口、非常階段を探すクセをつける

私はどこに行っても非常灯、非常口、非常階段を確認するようにしています。お店によっては非常口や非常階段の場所がわかりにくいところもあるので、必ずチェックします。ホテルに泊まるときも、一番近くの非常口はどこか見ておきます。地震や火事など、どんな災害が起きるかわからないので、消火器や AED の場所も意識するようにしています。

2
地震に遭遇したときに新幹線を選んだ理由

以前、東京にいるときに大きな地震があり、電車がすべて止まってしまったことがあります。そのとき私が選んだのは新幹線。普通電車のほうが、復旧が早かったのですが、新幹線を選んだのは車両にトイレがあるから。もし走行途中で止まったとしても、いつでもトイレに行くことができるという安心感のお蔭で、平常心が保てました。

3
警報を聞く、意識する

東日本大震災後のアンケートで、役場からの「防災無線はなかった」という方がいらっしゃいました。実は聞こえていても自分には関係のないことと判断して、耳が勝手にスルーしてしまうらしいのです。そこで私は、デパートなどでアナウンスに気づいたら、訓練だと思い、その内容を意識して聞くようにしています。

BOUSAI HANDBOOK

Part 3

備えて安心

4 命を守るための対策をしましょう

防災対策で、一番大切なことは命を守ること。そして、そのあとは、生き抜くための備えが必要となります。

少しの工夫でリスクを減らす家具の転倒防止対策

まずは、**家が倒壊しないことが第一条件**となります。そして火災を防ぐために**消火器を用意して、初期消火に努める**こと。さらに大切なのは**家具の転倒を防止**することです。

地震の揺れによって、落ちてきたガラスの置物で大ケガをします。倒れた家具の下敷きになって亡くなることもあります。家具の転倒で廊下がふさがれてしまい、火事の延焼を止められなくなるかもしれません。

最悪の事態を想定しつつも、「家具転倒防止グッズを買ってきて取りつける」「ガラスの飛散防止フィルムを買ってきて貼らなくては」と思うだけで面倒になってしまい、結局何もしていないという方も多いと思います。

でも、「もしも」のときに、対策をし

てこなかったことを後悔しても、時すでに遅しなのです。

ちょっとした工夫で、大惨事のリスクを減らすことができる対策例をご紹介します。

対策1　家具の配置に気をつける

理想は寝室には何も家具を置かないことです。寝ているときに地震が発生すると、とっさに動くことができないので、家具が倒れてきたら下敷きになってしまいます。

とはいえ、現実的には収納のための家具は必要でしょう。

＊背の低い安定した家具にする。

＊たとえ倒れたとしても寝ている自分の上に倒れないような向きにしたり、家具と寝具との間の距離をとる。

などの対策をとりましょう。

倒れた家具が窓ガラスに当たり、ガラスが割れて飛び散ることもあるので注意が必要です。

対策2　重い物は下、軽い物は上

本棚、食器棚、冷蔵庫、ロッカー、おもちゃ箱などの中には、重い物を下の段に、割れにくく軽い物は上の段に置くようにしましょう。それだけでも重心が下へ下がり倒れにくくなります。

わが家では、本棚の下の段に重い缶詰をたくさん入れ、洋服ダンスの下の段には備蓄用の水を入れています。重しにもなり、備蓄スペースも確保できるので一石二鳥となります。

対策3　こまごました物はまとめる

大きな揺れでは重い冷蔵庫も倒れます。危険な冷蔵庫には転倒防止器具の取りつけをおすすめします。

揺れの際は、ドアが開いて中身が飛び出すので、冷蔵庫の中のビン詰食品や香

辛料系の小さなこまごました物は、タッパーなどにまとめて入れておきましょう。

棚に置いた化粧品の数々も、できるだけ箱などにまとめて入れて、箱の裏に滑り止めのシートを貼っておくと安心です。

対策4 想像することが大切

家中を見わたして、「今、大きな揺れがきたらどうなるか」を想像してみてください。

「この本棚が倒れたらドアが開かなくなりそう」

「この3段カラーボックスの中身がすべて飛び出してきたら、足の踏み場がなくなり、玄関まで行けないかも」

「キャスター付きのワゴンが吹っ飛んできたら、このガラスが割れるかも」

など、気づくことがたくさんあるでしょう。気づいたら置く場所を見直してください。

対策5 それでも飾りますか？

わが家ではガラスの花瓶を玄関とリビングに飾っています。リビングボードの中にはお気に入りのカップをところ狭しと並べています。壁には好きな絵画と家族写真をあちらこちらに飾っています。想像してみました、大地震が来たとき、それらがどうなるかを。

生活する空間は自分の好きな物に囲まれて過ごしたい。しかしそれらは「もしも」のときには、落ちてきて粉々に壊れるでしょう。後片づけも大変で、ガラスの破片でケガをするかもしれません。

私はずっと葛藤していました。そして決断しました。危険だと思われるものはすべて棚の中にしまうということを。

私にとって大切な物なので捨てることはできません。

無理はするべきではないと思いますが、安全に暮らせるように工夫し、実践することを選択しました。

家具の転倒や落下、移動を防ぐ対策を

点検見直しがすんだら、次の段階は、**面倒と思いがちな、転倒防止器具などで家具の固定にとりかかりましょう。**やはり安全対策として必要なことです。

わが家の安全対策チェックポイント&家具転倒防止器具例

チェック
✓

- [ ] 家具の配置の見直しをする。
- [ ] ドアをふさがない家具の置き場を工夫する。
- [ ] 重い物はできるだけ下に、軽い物は上に収納する。
- [ ] 上下に分かれている家具は、上と下を連結する。
- [ ] 家具を固定して、転倒を防止する。 ▶▶▶
- [ ] 冷蔵庫の中のこまごました物をまとめてタッパーなどに入れる。
- [ ] 食器類の下に滑り止めシートを敷く。
- [ ] 危険だと思われるものは、棚の中にしまう。
- [ ] 開き戸タイプの家具には開き扉ストッパーを取りつける。
- [ ] ガラス扉には飛散防止フィルムを貼る。
- [ ] 吊り下げ式照明器具の補強を行う。

L型金具〈ネジ止めするタイプ〉

壁の桟（さん）と家具の桟をL型金で固定する。

ベルト式、チェーン式〈ネジ止めしないタイプ〉

家具と壁をベルトで固定する。

ポール式

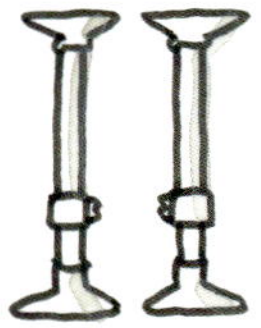

突っ張りタイプ。天井と家具を固定する。

ストッパー式

底面に差し込み、家具の前倒れを防止。

枕元防災セットの用意
必要な物を枕元に置いておく

就寝時に大地震が発生し停電した場合、足の踏み場もない部屋の中を手探りで移動しなければいけなくなります。「スマホがあるから懐中電灯はいらない」と考えていても、そのスマートフォンが見つからない、「メガネはどこ？」という状況に陥る可能性が高くなります。

そのため**「照明」「手足を守る道具」「助けを呼ぶ道具」など、最小限必要な道具を寝ている布団の近くに用意しておく**ことが重要です。手を伸ばして防災セットをつかめれば、懐中電灯で周囲の状況を確認し、手袋とスリッパを身につけ、次の行動に移ることが可能になります。

家族といえども、自分にとって必要な物は違います。各自が枕元に用意しておきましょう。

＊揺れで飛び散らないように、自分好みのカゴやポーチに入れて枕元に。

スリッパ（折りたたみスリッパ）

できれば脱げないようにかかとつきの上履きのような物がおすすめ。

懐中電灯

必ず、布団から手を伸ばせば届くところに用意してください。

手袋（軍手）

軍手はゴムの滑り止めがついている物が望ましいです。

メガネや吸入薬の予備など

「これがなければ生活ができない」という物については、必ず枕元に用意しておくと安心です。

笛（ホイッスル）

大地震の直後はほこりや粉塵が立ちこめるため、大声を出すと喉を痛めやすいので、助けが必要なときは、笛を使いましょう。

5 生き抜くための対策をしましょう

身の安全を確保したあとは、生き抜くための備えが必要です。水、トイレ、食物アレルギー、ペット対策などをしておきましょう。

「命の水」を用意

〈飲料水〉と〈生活用水〉両方の備蓄が必要

私は、これまで何度も何度も繰り返し、水の備蓄の必要性をお伝えし続けています。

被災された方は皆さん、水で苦労をされていました。横浜市水道局の水のマイスターとして、**水の大切さに向き合っているからこそ、その重要性をお伝えし続けたい**と思っています。

水は生命の維持に不可欠です。水さえ飲むことができれば2週間生きられますが、水を飲まないと3日ももたないかもしれないと言われています。

特に**子どもやご高齢者は脱水症になりやすく、水分不足によって熱中症などで命を落とすこともあります。まさに「命の水」なのです。**

飲み水と生活用水の両方を備蓄してください。

〈飲料水〉

1人1日＝3リットルを目安に、最低でも家族全員3日分を、できれば7日分を備蓄してください。

家族4人分の水を一か所に置くとなると、場所をとりますが、わが家ではキッチン、和室、玄関、2階の子ども部屋に分散備蓄しています。

その中から1か月に1本を使い、新たに1本購入してもとの場所に置く。こうすることで、水のローリングストック（ローリングストックについては80ページに掲載）を実践しているので、賞味期限切れも防ぐことができます。

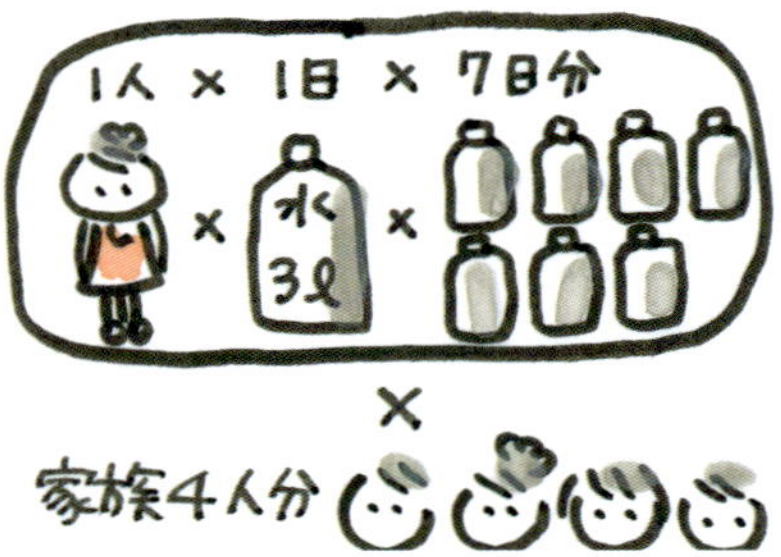

＊1人3ℓ×7日分＝21ℓ
（2ℓのペットボトルで、10本～11本）
＊わが家は4人家なので、21ℓ×4人＝84ℓ以上の水を備蓄しています。

〈生活用水〉

水は手洗い、洗面、洗濯などさまざまな生活の場面で必要ですが、実際に準備しようとすると、膨大な量と備蓄場所が必要です。生活用水を完璧に備蓄するのは不可能に近いと思います。

そのため、応急給水施設や湧水地、自然水の活用法など、どこに行けば水が確保できるか、災害時を想定した水の確保について確認をしておくことが大切です。

わが家の水の備蓄法とリサイクル法

被災された方にうかがうと、川の水をくんで使ったという方が多くいらっしゃいました。**わが家の近くに川はないので、生活用水もある程度の量は自分で準備しています。**

例えばトイレに置いておくときは、ペットボトルの高さを揃え、上に厚紙を置いてその上にまた並べます。3～4段まで積み重ねできるので、お金をかけずに収納スペースを確保できました。

▼水の配給場所の確認を

災害後、水は応急給水施設、あるいは給水車によって配給されます。応急給水施設は水道局によって指定されています。「災害時給水拠点」を必ず確認しておきましょう。

▼水は徹底してリサイクル

災害が起きて断水すると水は使えず、下水がダメになると排水もしてはいけません。災害時だけでなく、普段から節水を意識しておきましょう。

うどん、そば、パスタをゆでたお湯や、

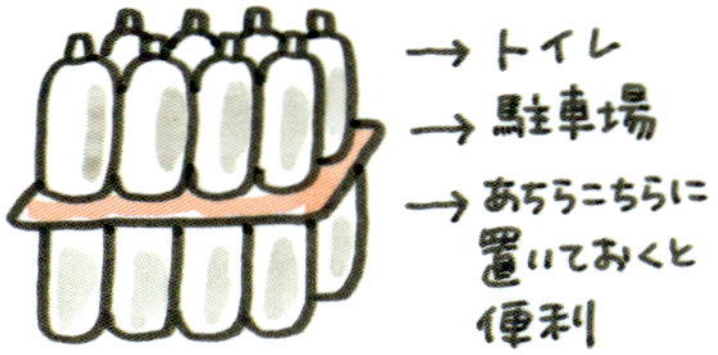

空気が入らないように、飲み口一杯まで水道水を入れて蓋をする。

配給先から重い水を運ぶのには、ポリ袋やレジ袋に水を入れて段ボールに入れる。それをキャリーカートで運ぶと便利。

野菜を洗った水は、掃除やトイレなどに使い回しできます。

＊麺をゆでた水⇒掃除⇒トイレに使うなど、水をリサイクルして大切に使いましょう。

トイレ対策

命にかかわる重要なトイレ問題

トイレの衛生状態が悪くなると、トイレに行かなくてすむように、水分補給や食事を控えたりする方がいますが、これは非常に危険です。

水分をとらないことで血栓ができて、エコノミー症候群などを引き起こし、命にかかわる事態に直面します。

▼トイレが使えなくなるとどうなる？

被災者に家庭でのトレイの状況を聞きました。

- 断水のため水洗トイレは使用不可に。
- 便器は無事なのに、水の備蓄がなくて排泄物が流せない。
- 断水に気づかずうっかり流してしまったら、そのあと水が溜まらず臭いがあがってきて臭かった。
- 家族全員分、尿はトイレにためて1日に1回、川でくんだ水で流し、子ども部屋を大便部屋にして新聞紙に便をしてポリ袋にためていった。
- 仮設トイレの設置を待ったが、届いたのは災害後一週間以上経ってから。
- 庭に穴を掘っていっぱいになると次の穴を掘って用を足した。
- 公園のトイレに毎日長時間並んで用を足した。

😵時間経過とともに排水管から逆流する臭いに悩まされた。

など、被災者の声は、災害時のトイレ対策が、絶対に必要だということを教えてくれる実例です。

断水しても家のトイレを活用したい、誰でも簡単に使うことができる、使用後の処理が簡単で、衛生状態がいいことを踏まえ、家庭でのトイレ対策を考えていきましょう。

▼トイレ対策、知っておいてほしいこと

*発災直後は下水処理などの被害状況が確認されるまで、水が使える状態であっても水洗トイレの使用を控え、非常用トイレなどを使用する。

*便器の水は排水管の臭いの逆流を防ぐので、抜かないこと。

*使用するポリ袋は45ミリリットル以上、大きめのほうがストレスにならない。

*固め方（吸収シート、凝固剤など）や袋の色など、自分に合った物を考える。

*臭い対策をする⇒臭わない袋、臭わない凝固剤、汚物処理専用保管袋、消臭剤などがある。

*使用済み非常用トイレ（汚物袋）の保管場所を確保⇒密閉できる容器、蓋つきゴミバケツなど。

蓋つきゴミバケツのほかにも、トイレットペーパー、生理用品、ウェットティッシュ、アルコール消毒剤、ハンドクリームなどの備蓄も忘れずに。

対策1　非常用トイレを用意

市販の非常用トイレには、色々な種類があります。吸水シートタイプや凝固剤タイプなど、種類によって使い方が違うので、説明書をしっかり読んで、必ず事前に試してみてください。

▼非常用トイレの使い方

〈洋式便器の場合〉

便器に1枚大きなポリ袋（ゴミ袋）をかぶせて固定し、その上に非常用トイレの汚物袋を設置し使用。便器に汚物袋をそのまま設置すると、底面に水がついてしまい始末するときに苦労します。

〈和式便器の場合〉

和式便器の上に板や段ボールなどを置いて便器を封鎖し、その上に簡易トイレやバケツなどを設置して、それらに携帯トイレをつけます。

＊吸収シートや凝固剤などで排泄物を固め、使用済みの汚物袋は空気を抜いて口を固くしばります。汚物袋の処理は可燃ごみで出すなど、各自治体の収集方法に従ってください。

▼必要な枚数は？

非常用トイレは、どのくらいの用意が必要でしょうか。個人差がありますが、一般的な「尿量」の平均はこうなります。

1回200㎖〜300㎖×
1日5回〜7回＝1日1・5ℓ〜2ℓ

これを何人分×何日分を用意するかで変わります。

〈4人が使用する場合〉

1人、1日のトイレ使用合計回数は5

〜7回×4人＝20〜28回になります。これを3日分用意をしましょう。

1日20〜28回×3日＝60〜84回分の用意が必要

これはあくまでも目安で、子どもやご高齢者によって必要な数が違ってきます。また冬場は回数が増えることも考慮してください。

外出することが多い人は非常用トイレの携帯が必要です。トイレの個室を貸してもらえれば外出中、帰宅途中、避難先でも用を足すことができます。

対策2 備えておきたい衛生用品

トイレットペーパー、生理用品、ウェットティッシュ、アルコール消毒剤などが必要です。

感染症予防のため、トイレの床や便器は除菌洗浄剤を希釈したもので拭き掃除します。手洗い用の水がない場合はウェットティシュで汚れを拭きとり、アルコール消毒液を手にとってこすり合わせて手指の消毒をします。

手があれるのでハンドクリームも用意しましょう。赤ちゃんがいる方は、紙オムツと赤ちゃん用のお尻ふきも必要です。

対策3 汚物はどうしたら？

ゴミ収集車がストップしている間、汚物は家に置いておくことになります。臭いや害虫、衛生面を考え、蓋つきのゴミ箱に入れておくことをおすすめします。

代替品として衣装ケース、おもちゃ箱も活用できるほか、断水時は浴槽の中に置いて蓋をしておくのもいいでしょう。

食物アレルギー対策

必要な物が、必要な人に届かないことも

特定の食物を摂ることにより、じんましんやかゆみなどのアレルギー症状が起きる**食物アレルギーは、ショック症状を起こす場合もあります。**

血圧低下や意識障害などのショック症状を伴う場合はアナフィラキシーショックと呼び、命をおびやかす危険な状態です。

今までの大規模災害が起きたときは、被災地に届いた**食物アレルギー対応食品などの特殊栄養食品が他の物資と混在してしまい、必要な人の手に渡らなかった**ケースが多くありました。

災害時に、食物アレルギー対応食品がすぐに手に入らないことを想定し、食物アレルギーを持つお子さんのために、多めに備蓄しておくことをおすすめします。平常時に試食して好みの味かどうかを確認しておきましょう。

またアレルギーを持つ人は、本人も家族も大変な思いをしています。周り方の協力と理解も欠かせません。

たくさん用意しておくからね！
食物アレルギー対応食品

ペット対策

ペットは家族
守るのは飼い主の責任

防災士の資格をとるために勉強していたときのことです。**「避難所でのペット同行の難しさ、問題」**を知り、きちんと学ぼうとDog Training Partner「SUNNY」代表、大久保羽純先生の「ペットと一緒に避難生活する方法」を学びました。

災害が起きると、被災するのは人間だけではありません。取り残された犬と猫の動画を見たときには、涙が止まりませんでした。

▼避難所での問題

飼い主にとっては家族であるペットでも、動物アレルギーを持っていたり、鳴き声や臭いを苦手とする方もいます。トラブル要因になりかねないので、しっかり対策を講じましょう。

災害時のペット対応については、以下のサイトが参考になります。ペットを飼っている方はぜひ見ておいてください。

＊環境省「災害時におけるペットの救護対策ガイドライン」
https://www.env.go.jp/nature/dobutsu/aigo/1_law/disaster.html

＊東京都福祉保健局「ペット同行避難」
http://www.fukushihoken.metro.tokyo.jp/kankyo/aigo/bousai/doukou-hinan.html

▼ペットのための備え

1 身元表示をつけておく

突然の災害に驚いてペットが逃げ出してしまい、飼い主と離れ離れになってしまう可能性もあります。

はぐれてしまったペットが飼い主のもとに戻れるよう、首輪などに身元表示をつけましょう。

❷健康管理を怠らない

感染症の蔓延を防ぎ、体を清潔に保ち、ペットの健康を守るためにも、狂犬病予防注射（犬）や混合ワクチンのほか、ノミなどの外部寄生虫の駆除を行いましょう。

❸防災用品の備蓄をする

ペットのための備えは飼い主の責任です。最低でも3日分、できれば5日分以上ペットの防災用品を備蓄しておきましょう。

そして、備えた物がすぐに持ち出せるように、取り出しやすい場所に置いておいてください。人間用の「非常持ち出し袋」の用意と同じです。

非常用持ち出し袋の準備

避難するときに必要な物＝「非常用持ち出し袋」は絶対必要！

避難しなければ命が危ないという状況において、安全に避難（移動）するために必要な道具をまとめて用意しておきましょう。

“あらゆる不測の事態”は突然発生します。1分1秒を争うような場合、「何を持っていこう、アレはどこだっけ」と考えていると避難が遅れてしまい命取りになります。

そのため素早く避難（移動）ができるように、非常用持ち出し袋を用意しておく必要があります。

▼避難用の防災セットを用意

防災セットは2種類に分けて考えましょう。

〈1〉「避難するときに必要な物」
〈2〉「避難生活を快適にする物」

2種類に分けて準備すると、リュックサックにあれもこれもと詰め込まなくてすみます。

準備した物は必ず背負ってみてください。重くないですか？　目安として男性は15kg、女性は10kgまでと言われていますが、私は7kgでもきついと感じました。

▼すぐに取り出せる場所で保管する

避難するときは必ず靴をはきます。ということは玄関を通るということです。「避難するときに必要な物」は玄関に置いておくのがベストです。

押し入れや物置の奥に防災セットがあっても、持ち出す余裕はありません。玄関にいたのに、非常用持ち出し袋を取りに行くため、わざわざ部屋に戻るのは危険です。パッとつかんで持って行ける場所で保管してください。

▼家族の人数分のリュックサックを用意

「避難するときに必要な物」をわが家で

は家族分4つの用意しています。誰の分とは決めていませんが、それぞれが必ず1つ持って避難できるように準備しています。

▼最小限の物だけを入れる

「避難するときに必要な物＝持ち出し袋」は「命を守るための道具」だけを入れてください。

物は最小限にし、津波や火災などから素早く避難することができるように重量は軽くし、コンパクトに荷物をまとめ、玄関に置いておきます。

準備した物はすべて身につけるか、両手をあけて走って逃げられるようにリュックサックに入れておきましょう。

身につけるもの

履きなれたもので、できればインソール（下敷き）を入れると底面が安全に。

大きさの確認をする。子どもは成長によって頭が入らなくなることがある。

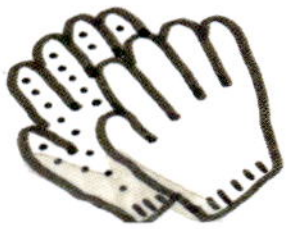

障害物や危険物から手を守るだけではなく、冬場は寒さ対策にもなる。できれば、鋭利な物や熱に強い頑丈な作業用手袋や、防水機能つきのアウトドア用手袋がおすすめ。

感染症予防や、防寒対策にもなる。

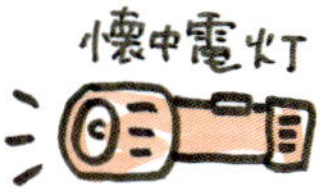

懐中電灯とは別にヘッドライトがあると、首にかけて足下を照らしたり、腕やカバンに巻きつけることもできるので便利。

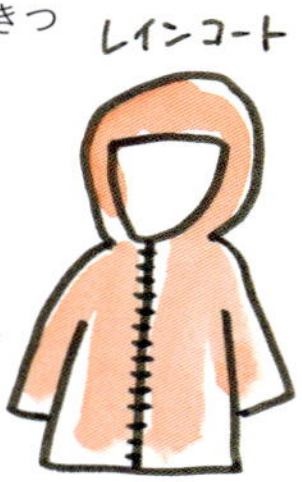

雨対策だけではなく、火山噴火の際の粉じん対策や、防寒着にもなる。

リュックの中に用意するもの

スマホの充電器

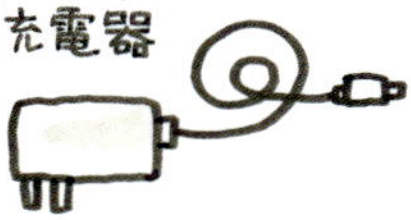

情報収集をしているとあっという間にバッテリーぎれになるため。

現金

ATM やカードが使えなくなる可能性がある。小銭も必ず用意する。

携帯ラジオ

災害時の情報収集のため。予備の電池も必ず最低1セットは用意。もしくは電池を必要としない手巻き式の携帯ラジオが便利。

ウエットティッシュ

衛生管理や食中毒の予防にあると役立つ。

ハンカチ　ティッシュ

災害時に限らず、出かけるときの必需品。必ず携行する。

水

水や携行食を用意。

家族写真

大規模な災害が起きると、家族とはぐれる可能性もあり、別々の場所で被災することも。家族全員の顔や身長がわかるハッキリとした写真を持っておく。

ポリ袋

防寒に使ったり、汚物処理に使える。かさばらないので便利。

身分証明書

健康保険証や運転免許証など身分証明書のコピーを必ず持っておく。

筆記用具

避難所での連絡事項、地域の伝言板の情報を書き写す。家族への連絡メモを書いて貼っておくのにガムテープもあるといい。

地図

避難用や帰宅支援所などが記されたコンパクトなサイズを1バッグにつき1つは入れておく。

エマージェンシーシート

アルミの薄いシートで体を包むと保温ができる。また目隠シートや、雨に濡らしたくないものを包むときにも使える。

連絡先

家族、親戚、職場の連絡先などを記したメモは、電子機器で管理するのではなく、紙に書いて持っておく。

トイレ

トイレの個室が使用できれば非常用トイレを使用することができる。

必要と思われるものを選択

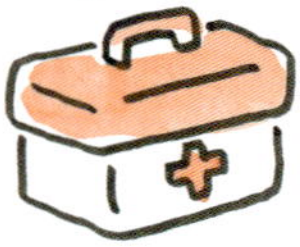

応急手当セット、絆創膏、三角巾または大判のスカーフを用意。三角巾は、止血、捻挫の固定、骨折の対応など幅広く使えて、寒いときは肩掛けにもなる。

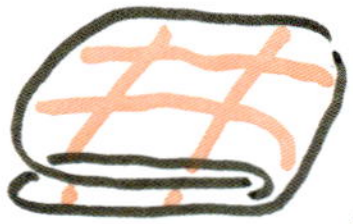

寒い時期の保温対策に必要。

「個人的に」重要なメガネ、補聴器、杖、持病の薬、アレルギー対応食品、赤ちゃん用品、女性用品など、ないと生活ができない、絶対になくてはならない物で、避難所などではすぐに入手ができない物については、必ずスペアを入れておく。

もしかすると自宅に戻ってこられなくなる可能性も。大切な思い出をデジタル化してUSBメモリやSDカードに保存するなどして持ち出せるようにしておく。ただしこれらが重量物となって移動の妨げにならないようバッグに入る程度のものにする。

役立つ日用品

災害時は想定外のことが起こります。備えてほしい日用品をご紹介します。

停電すると電気掃除機が使えません。**ほうき**と**ちりとり**があると役立ちます。生活用水が確保できる状態なら、**新聞紙**を濡らして軽くしぼり、細かくちぎって、床に撒きます。約1分経ったらその新聞紙ごと掃き集めると、小さい破片などが新聞紙にくっつきます。

割れたガラスなど家の中の後片づけには危険がいっぱい。**軍手**を使用しましょう。寒いときは防寒具にもなります。

傷の応急手当では、感染防止のため、ゴム手袋や**使い捨て手袋**などを使い、血液に触れないことが大切です。

料理を**ポリ袋**に入れてそのまま器にかぶせて食べ、その後捨てれば洗い物が出ません。ポリ袋や**レジ袋**は断水のさい洗

「もしも」に役立つ!
おやこで防災力アップ

ご記入・ご送付頂ければ幸いに存じます。　初版2017・8　**愛読者カード**

❶本書の発売を次の何でお知りになりましたか。
1 新聞広告（紙名　　　　　　　　　）2 雑誌広告（誌名　　　　　　　　　）
3 書評、新刊紹介（掲載紙誌名　　　　　　　　　）
4 書店の店頭で　　5 先生や知人のすすめ　　6 図書館
7 その他（　　　　　　　　　）

❷お買上げ日・書店名
年　　月　　日　　　　市区町村　　　　書店

❸本書に対するご意見・ご感想をお聞かせください。

❹「こんな本がほしい」「こんな本なら絶対買う」というものがあれば

❺いただいた ご意見・ご感想を新聞・雑誌広告や小社ホームページ上で

（1）掲載してもよい　　（2）掲載は困る　　（3）匿名ならよい

ご愛読・ご記入ありがとうございます。

郵 便 は が き

料金受取人払

神田局承認

3322

差出有効期限
平成30年 8 月
31日まで

101−8791

509

東京都千代田区神田神保町 3−7−1
ニュー九段ビル

清流出版株式会社 行

フリガナ		性　　別		年齢
お名前		1. 男	2. 女	歳
ご住所	〒 TEL			
Eメール アドレス				

お務め先 または 学校名	
職種 または 専門分野	
購読されている 新聞・雑誌	

※データは、小社用以外の目的に使用することはありません。

濯物と水と洗剤を少し入れて下着などをもみ洗いすることができます。

ラップはガラスなどにピッタリと張りつくので油性ペンで「××小学校に避難しています　母より」などのメッセージが残せます。キッチンバサミ、ピーラー、スライサーを使うと包丁やまな板を使わずに済むので便利です。まな板の代わりに開いた牛乳パックや紙皿を使い、そのまま捨てれば洗い物が出ません。

カセットコンロで沸かしたお湯をすぐに水筒や保温ポットに入れておきましょう。お湯があればお茶やコーヒーを入れたり、またはタオルを浸して温タオルにして顔をふくこともできます。

ガムテープは、隙間を防いだり、粘着クリーナーの代わりとして、また油性ペンで安否確認を知らせるメモを書いて貼っておいたりできるので便利。

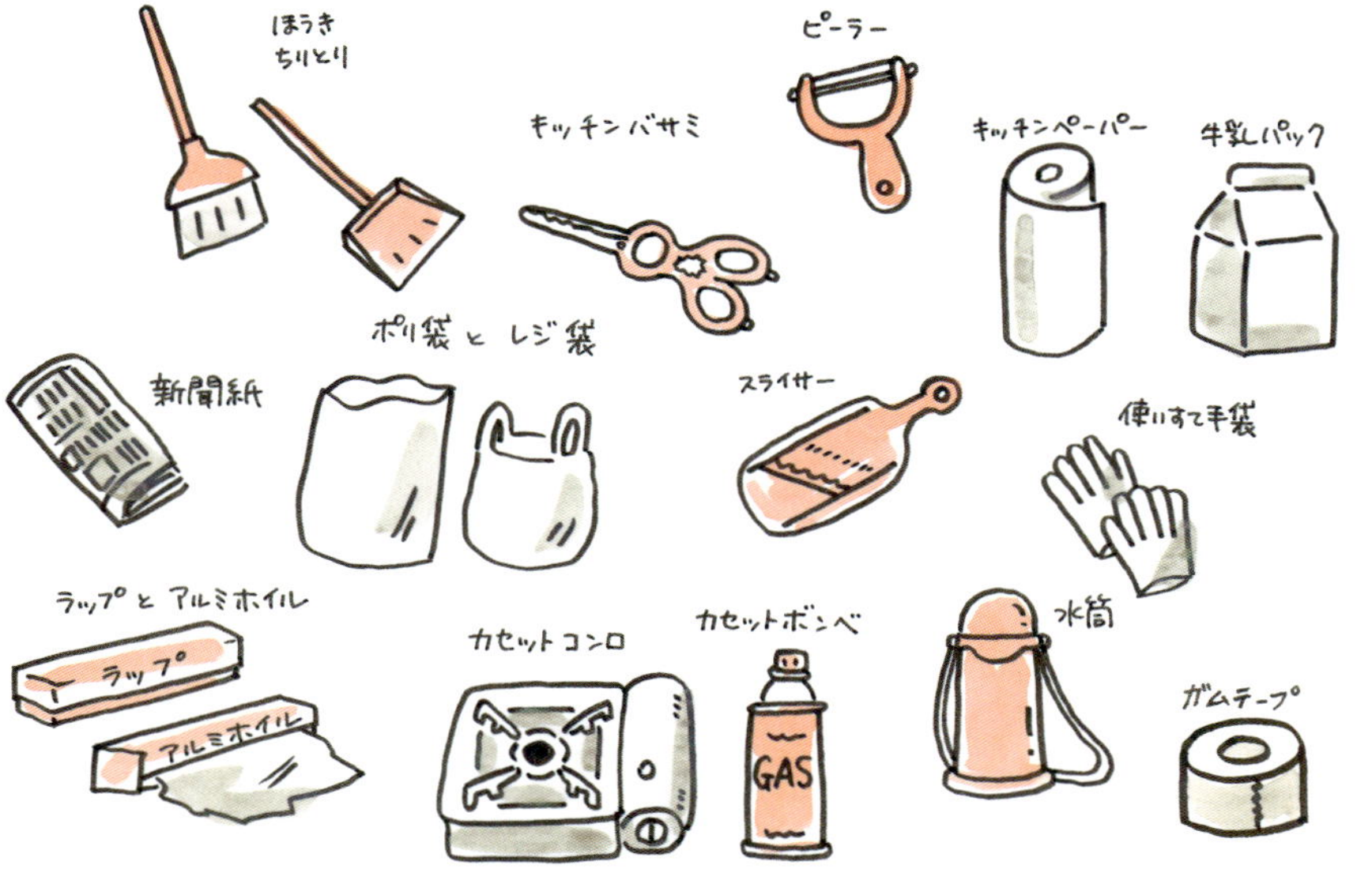

脱水症予防に役立つ「経口補水液」を作ってみましょう

ここでご紹介する経口補水液の作り方は、手元に経口補水液の備蓄がなかった場合の緊急的な対処として作る方法です。

塩分やブドウ糖の割合が体に吸収されやすい割合で配合してあるので、熱中症予防、発熱、下痢、嘔吐などによる脱水症状予防に効果を発揮します。

材料：1ℓ分

砂糖……大さじ4強（40g）
食塩……小さじ1/2（3g）
レモン汁……少々、水……1ℓ

作り方

1 砂糖40gと食塩3gを1ℓの水によく溶かす。
2 飲みやすくするために、レモン汁を少々入れる。

ただし、この方法で作った経口補水液では、脱水時に不足するカリウムをほとんど摂取することができず、炭水化物の含量が高くなっています。

冬場などに、ウイルス性の感染性胃腸炎を発症し、嘔吐や下痢などの症状が出た場合は、カリウムなど下痢などで失われる電解質を適正に含んでいる市販の経口補水液を摂るほうがよいでしょう。

分量を間違えず、できるだけ正確に計って作ってください。塩と砂糖の分量を取り違えると、うまく脱水を改善することができない場合があります。

また、すばやく吸収させるためには、ナトリウムイオンとブドウ糖の適切なバランスが重要なので、分量を守ることが大切です。

作った簡易経口補水液は、遅くともその日のうちに飲みきってください。家庭で作る場合、雑菌の混入をどうしても防ぎきれません。雑菌の繁殖は健康に悪影響を及ぼすことがあります。

BOUSAI HANDBOOK

Part 4

そのあと、どうする？

6 避難生活を少しでも快適にするために

「避難するときに必要な物＝持ち出し袋」とは異なり、避難生活が始まったときに必要な物の準備も必要です。

必要な物、あると便利な物をまとめておきましょう

避難生活を快適にする物など、ないに等しいのですが、それでも、が、それでも、**少しでも過ごしやすくストレスをためないためには、備えることが大切**です。

自宅で避難生活を送る場合や、避難所で生活をするさいにあると便利な道具などを、スーツケースやバッグ、大きなカゴや箱にまとめておきましょう。

大急ぎで避難をするさいには置いていきますが、いざ避難所での生活が始まったら持っていきやすいようにセットにしてまとめておくことをおすすめします。

自宅で避難生活を送れるとは限りませんので、避難所での生活を余儀なくされることを想定して準備しましょう。

▼家族みんなのために備える物

家族構成によって備える物は違ってきます

ます。ここでは私が備蓄している物をご紹介します。

●1週間分以上の飲料水、食料、非常用トイレ

水は一人あたり1日3リットルが目安。食料は、レトルト食品や缶詰やカロリーメイトなど手軽に栄養が摂取できる物。トイレの個室が使えれば、非常用トイレをセットできるので用意しましょう。

●着替え（下着）、毛布

洋服や毛布は避難所などで生活をしなければならない状態になったときに自宅から持ち出してください。着替えができると心が晴れます。お子さんの着替えは季節の変わり目ごとに成長に合わせて準備しておくとよいでしょう。

●タオル

タオルは高い汎用度を持っているので、多くあると安心です。

●衛生用品（洗面用具、ウェットティッシュ、除菌スプレー、ドライシャンプーなど）

特に歯ブラシなどの洗面用具は衛生を保つうえでとても大切です。水を使うことなく髪の毛を洗えるシャンプーも避難所生活の必需品です。

●生活用品（カセットコンロとガスボンベ、ラップ、ホイル、ガムテープ、ロープなど）

冬に限らず温かい物が食べたくなります。どんなときでも火はとても重要ですので、カセットコンロとガスボンベは必ず準備してください。ボンベの数は15〜18本が、政府から推奨されている数です。アルミホイルは簡易的な皿が作れるので用意してください。

●ポリ袋（大、中、小）

水を清潔に運んだり、もし市販の非常

用トイレの備蓄がなかったとしても、ポリ袋に新聞紙を入れて用を足すことができます。

雨が降ってきたら、大きなポリ袋に穴をあけるなどの加工を施し、身にまとえばポンチョ代わりになります。

●新聞紙

吸収性が高いので、断水時にトイレで用を足したあとに吸収剤として活用することができます。

●簡易洗浄器

普段ウォシュレットに慣れている方は、あると便利です。ライフラインが止まることも考えて電池式や空気で押しだす携帯洗浄器を用意すると便利です。

●懐中電灯

非常持ち出し袋に入れた懐中電灯とは別に用意しておきましょう。LEDのランタンは部屋全体を照らすことができ、持ち運びしやすい物など、自分はどこで、どのように使いたいのかを考えて懐中電灯を備えておきましょう。

●サバイバルシート（エマージェンシーシート）

アルミ製のサバイバルシートは敷物として使えるだけでなく、防寒として使ったり、寝袋の代わりにしたり、雨風をしのぐものとしても使えます。

●睡眠用品（アイマスク、耳栓、空気枕、エアマット、毛布など）

慣れない場所での睡眠は想像以上に疲れます。アイマスクがあれば避難所での夜も比較的快適に過ごせます。静かな場所でしか寝られない方は耳栓も必要。

●スリッパ

避難所では土足厳禁となります。ゴミや割れたガラスなどが落ちていることがあるかもしれないので、スリッパが必要。

防寒着

いつ災害が起きるかわかりません。被災時には寒い場所で夜を明かすことになるかもしれないので、上着など防寒着を準備しましょう。

テント

アウトドアを愛好している人であればテントを持っている人もいるでしょう。被災時にも使えますので、比較的取り出しやすい場所に置いておきましょう。

寝袋

寝袋はかさばるので非常時には持ち出さず、備蓄用としておいておくのがおすすめです。冬用の物よりは夏場に合わせた寝袋をストックし、寒い場合はサバイバルシートや毛布をかけましょう。

レジャーシート

敷物としてだけでなく雨風をしのぐさいにも使えます。

地図

広域の地図を入れておきましょう。

ポリタンクや給水袋

10リットルのポリタンクやリュック型の給水袋が使いやすいでしょう。

蚊取り線香

夏場の被災でかなり重要となります。ジャンボタイプの大容量蚊取り線香を備蓄しておくのがおすすめです。

予備電池（バッテリー）

防災グッズとして使用する電子機器類に合わせた予備電池はあればあるだけ重宝します。

シャベル

雪かきのときだけでなく、火山が噴火したときの灰の掃除に有効です。

折りたたみ式キャリーカート

大きい荷物や、水、燃料などの重い物の運搬に使えます。合わせて固定用のゴムバンドも用意しましょう。

●**クーラーボックス**

保冷剤を入れれば冷蔵庫代わりに、余熱調理にも使えます。

●**自転車**

交通がマヒしたときは自転車が便利です。東日本大震災のさいには、都内ではすぐに自転車が売り切れたそうです。自転車は乗って運転しなくても、引いて台車代わりにもなります。

▼女性のための「あったらいいな」

非常時は女性の場合、防犯対策や、生理用品などの女性特有の物が必要となります。救援物資としてなかなかこないこともあるので、備えておきましょう。

●**生理用品**

生理用ナプキンは止血ガーゼにもなります。おりものシートも準備しておけば下着が長持ちします。

●**防犯ブザー**

ホイッスルやサイレンの代わりにもなるので、常に携帯しておきましょう。

●**クシやブラシ**

どんな状況にあっても、身だしなみを整えるときはいつもの自分に戻れます。

●**手鏡**

大きな揺れで鏡も割れることが予想されます。手鏡を用意しておきましょう。

●**化粧品**

化粧をしたまま避難すると、その化粧を落とせなくてストレスになります。シートタイプのクレンジングがおすすめ。化粧水やリップクリーム、ハンドクリームも必要です。

●**髪留めのゴム**

夏場の被災時は髪が長いとストレスに。髪留めのゴムは必需品となります。

災害時の避難場所として自動車を活用する場合、車中泊の注意点を知って過ごしましょう。

避難所か、車中泊か
そのメリットとデメリット

熊本地震において、車中泊（車中避難）をする方が多く、テレビやラジオなどでも報道されたように、エコノミー症候群などに対して注意喚起もありました。

熊本地震では指定避難所の多くが地震により損傷し使用不能になってしまったこともあり、避難所まで車で来たけれど、避難所内に入れず、そのまま車中泊を余儀なくされた方も多くいました。

また、最大震度7の大きな揺れが同一地域で2度も観測され被害が拡大し、余震に対する不安と警戒から室内にはいられず、大型の商業施設、コンビニの駐車場、自宅の庭や路上など、車の中で過ごすことを選んだ人が多くいました。

▼車中避難の「メリット」

車の中は狭いイメージもありますが、短期間であれば快適に過ごすこともできます。

＊**プライバシーが保てる**⇓災害時に混乱している悪条件の中では、避難所にいるよりも精神的に落ち着いて過ごすことができ、避難所での団体生活に比べると気が楽です。

また、避難所の駐車場では食料や救援物資を受けとることができ、トイレも利用できるので、避難所の中で個室利用をしている感じでプライバシーが守れます。

＊**安全に過ごせる**⇓鍵がかけられるので、防犯上の観点からも安心感を持つことができます。

＊**貴重品を持ち出せる**⇓車の中に置いてしっかり施錠しておけば窃盗の心配がなく、身辺を安全に保てるため、精神的なストレスを軽減できます。

＊**自由に移動できる**⇓必要な生活用品を買いにいったり、周辺の温浴施設を利用したりしたあとに、拠点に帰ってくるという動きができます。

＊**ペットと一緒にいられる**⇓初めは避難所にいたけど、ペットのために車中泊に切り替えた、という方もいました。

▼車中避難の「デメリット」とその対策

避難所の駐車場にいても、避難所内には居場所がない、コミュニケーションが取りづらいという問題がありました。

車中避難をする場所は点在しているうえ、毎日のように場所移動があり、実態把握や安否の確認が難しくなりました。

＊**エコノミークラス症候群になった**⇓80代の男性が肺梗塞で死亡したほか、エコノミークラス症候群を発症した高齢者が多くいました。

〈エコノミークラス症候群の予防法〉

1 水分補給をこまめにする

予防で一番大切なのは水分補給です。避難中はトイレに行く回数を極力減らすようにしてしまう人が多く、そのために水分摂取を控えてしまう傾向にあります。

こまめにしっかりと水分補給をすることがエコノミークラス症候群を防ぐことにつながります。

❷適度な運動とマッサージ

「長時間ずっと車内にこもらないこと」「長時間同じ姿勢をとらないこと」が大事です。

散歩やラジオ体操、ストレッチだけでも十分。イスに座りながらでも足の指を動かしたり、つま先立ちをするようにしましょう。

❸足を伸ばして寝られる場所を確保。車内をフラットにする必要があります。

足元にクーラーボックスなどを置いて座席と同じ高さにしたり、毛布や布団を丸めて高さを出したりしましょう。

＊**トイレ問題**⇓余震への不安などから車内避難を続ける方々が集まったグランメッセ熊本。トイレは駐車場の一番奥にあり遠距離で行くのに疲れるほど。特に夜は真っ暗になるので、夜間のト

イレを我慢する人も多くいました。トイレの環境が悪いと水分補給を控えてしまうことにつながります。エコノミー症候群予防のためにも、まずトイレの環境を整えることが重要です。

〈非常用トイレの準備を〉

●外から見えない工夫と臭い対策を

車内で使う場合は、目隠しを忘れずに。臭いもこもりやすいので、消臭剤を用意しておきましょう。

●災害用マンホールトイレを使用

マンションなどでは災害用マンホールトイレを準備しているところもありますが、下水状況によって使用可否が異なります。自治体に確認しておくようにしましょう。

＊**ストレスによって不眠に**⇓避難所近くの駐車場に停車して眠っている車中泊避難者は夜間も車の出入りがあり、エンジン音、ライト、人の声、車のドアの開閉音、カーラジオや音楽がストレスになり安眠が妨げられることがあります。

〈安眠対策〉

●自治運営が必要

避難所やマンションの駐車場で車中泊を実施する場合は、夜間の車の出入りや音漏れへの注意を呼びかけて、夜間の安眠を確保するような自治運営が必要となってくるでしょう。

＊**虫対策が必要**⇓車のドアを開け放って過ごしていると、蚊やハエ、蛾などの虫が入ってくることがあります。

〈虫対策〉

●電池式虫よけを備蓄

車中泊避難では、蚊取り線香などの火

を使う虫よけは火災の危険があるので使わないでください。電池式の虫よけ器具や虫よけスプレーを普段から余分に備蓄していると車中泊避難でも使えます。

＊**防犯をする⇓**熊本地震では、女性が一人で車中泊をしていることが少なくありませんでした。益城町では警備員による夜間パトロールを実施していましたが、夜間パトロール時に突然車内を懐中電灯で照らされるのは怖いという苦情があり、車内を照らすのを中止にした経緯がありました。特に女性の場合、就寝中や着替えのとき、誰かに車内を覗かれるのではないかという不安感がぬぐいきれません。

〈防犯対策〉

●すき間のない目隠しを常備する

車内にレールで取りつけるタイプのカーテンだと、少し開いたすき間から覗かれる恐れがあります。窓の四隅を吸盤で押しつけて、窓面すべてを目隠しできるマルチシェードがあると安心です。マルチシェードは、断熱効果や保温効果がある材質の物であればなお便利です。

＊**普段から車の中に備えておきたい物⇓**

非常用簡易トイレ／給水袋（折りたたみ式のポリタンク、コック付き）／ブランケット（毛布）／飲料水、災害食／医薬品／携帯電話の充電器／アイマスク／消臭剤・脱臭剤／マルチシェード／防犯ブザーなど

「ママのごはんが食べたい」

災害食は「生きるためだけの食事」「我慢して食べる食事」ではありません。体に必要な栄養の確保は一番大切ですが、同時に心の栄養をとることも大切です。自分の好きな物、おいしいと思う物を食べましょう。
「おいしい」と感じる心の栄養をとることが、安心と笑顔につながります。

数年前、娘が受験生のとき、高校の授業が終わるとそのまま塾に行き、毎晩夜遅く帰ってきていました。あるとき、疲れた顔をした娘が、「ママ、おいしいものが食べたい」と言いました。
「何が食べたい？」と訊くと、「ママのごはんが食べたい」と言うのです。それは驚きでした。いつも手抜き料理しか作っていないのに、娘にとって疲れたときに食べたくなるのは普段の食事、私が作った食事だったのです。

これは災害が起きたあとも同じことが言えると思います。災害時だからといって特別な物を食べるのではなく、普段食べている食事ができれば、どれほど心が落ち着くことでしょう。「もしも」のときでもいつもの食事をすることがとても大切です。

私はどんな状況になったとしても、子どもたちには私のお味噌汁を作ってあげられるように、自分で備えています。いつもと同じお味噌汁を食べた瞬間、ほっとして、笑顔になれるかもしれません。
家族の笑顔を見るためには、自分で備えておくしかないと思っています。

BOUSAI HANDBOOK

Part 5

かんたん、時短「即食レシピ®」

7 食も日頃の備えが必要です

災害時には物資の物流に支障が出て、食料が手に入りづらくなります。ちょっと多めのストック食品が「もしも」のときに役に立ちます。

災害食の備蓄はローリングストックで

「ローリングストック」とは、普段食べている物を少し多めに用意して、食べたらその分を買い足すという考え方です。

災害食は「備蓄」も大切ですが、消費をすることのほうが大切だと思っています。備蓄したことで安心していると、あっという間に賞味期限が切れてしまうからです。

上手に消費をしてローリングストックを習慣化してください。

▼ローリングストックのメリット

＊日常的に食べれば賞味期限は一年ほどで十分なので、選べる食品が増える。

＊賞味期限切れによる廃棄を減らせる。

＊食べ比べながら、自分の好みの物を備蓄できる。

食べてみなければ自分の好みの味かどうかわかりません。いざ災害が起きて食べてみたら、口に合わない。でも「しょうがないから我慢して食べる」、これがもうストレスになります。

そんなことにならないために、**自分の好きな味の物を備蓄してください。好きな物があるということが心の安定につながります。**

食品は一か所にまとめず家の中で分散備蓄しましょう

備蓄食料をたくさん用意しても、取り出しにくい棚の奥のほうに入れっぱなし、あるいはどこにしまったか忘れてしまった、というケースは少なくありません。

いざというときに役立てられなければ、せっかく購入、保管しておいても意味がありません。

どの家庭でも食料品の多くはキッチンに収納していると思いますが、大災害が起こるとキッチンは危険な場所になります。食器棚が転倒し、食器類が散乱、食料品を取り出せなくなることも。

常温で長期保存できる食料品は、キッチンにこだわらず各部屋で分散備蓄することをおすすめします。本棚やクローゼットの一部を備蓄食料品スペースに。また、どこに何を収納したか、家族で情報を共有することも大切です。

▼備蓄食料の賞味期限を防ぐには

＊種類別でなく、年（西暦）ごとにまとめておく。

＊古い順に、手前から奥、上から下に、棚の左から右になどの使いやすい流れで収納する。

私は箱に入っているレトルト食品を本

床下と本棚に備蓄食品を収納

分散備蓄を実践

▶本棚のものから食べていき、スペースがあいたら床下の物を移動しています。買い足した食品は床下へ。

棚に並べて収納しています。左に賞味期限の近い物を入れておき、なるべく左の物から食べていき、新しく購入した物はずらして右に入れていきます。

わが家の本棚一段にはレトルト食品が20個並ぶので、食べては購入し、必ず一定量備蓄するようにしています。

災害が起こったら何をどう食べる

❶元気な体、健康でいるために必要な栄養をとりましょう。足りない栄養を補うには、栄養補助食品、ゼリードリンクも活用。栄養価の高いチョコ、ドライフルーツ、ナッツ類もおすすめ。
野菜は自分で備蓄しなければ入手できません。果物はアロマテラピー効果が期待でき、赤、黄色、緑、オレンジなどビタミンカラーは心を元気にしてくれるので、できればきらさずにしたいものです。
❷今ある食料はどのくらいあるのかチェックし、食べつなぐ計画を立てます。家にある物をどれから食べていくか、どうやって食べるかを考えましょう。
まずは冷蔵庫、冷凍庫の物から食べるようにし、常温保存できる野菜や果物、レトルトや缶詰など日持ちする物はあとから食べましょう。
❸電気、ガス、水道がストップすることが予想されます。色々な制約の中で料理する工夫を日頃から実践しておくと、いざというとき、あわてずにすむでしょう。
地域差はありますが、今までの大規模災害では、
＊電気は約1週間後に復旧。
＊ガスと水道は約1か月後に復旧しています。
＊水道は3か月後という地域もあります。

水が十分にない……どうしたら？

繰り返しますが、災害時は、水がとても貴重です。ストックが不十分だった場合の工夫法を紹介します。

▼調理の工夫

＊キッチンバサミやピーラー、スライサーなどを使いましょう。

＊まな板の代わりに、開いた牛乳パックや紙皿を使いましょう。

＊乾物はポリ袋の中で、少量の水や、調味料、缶汁などで戻します。

＊混ぜたり、和えたりという調理をするときもポリ袋を使います。

＊フライパンやホットプレートには、クッキングシートやアルミホイルを敷いて使用します。

▼盛りつけの工夫

＊ポリ袋のまま食器にかけ、できるだけ洗い物を減らす。

＊皿の上にラップやホイルを敷き、食器が汚れないようにする。

▼片づけの工夫

＊新聞紙やティッシュなどで汚れをふき取ってから洗う。

＊食器や鍋類は水につけ置きし、あとでまとめて洗う。

いざというときのために家庭で食料品を備蓄しておくことが大切。でも、何をどれだけ備えればよいのでしょう。

非常食は非常時用
災害食は日常食に近いもの

多くの方は「災害時用に食料を備蓄する」と考えたとき、非常食と呼ばれる物を購入しなくてはいけないと思うかもしれません。

阪神・淡路大震災以前の**非常食は「長期保存」「エネルギー補給」できることが条件で、「水分が少ないので固くて飲み込みにくい」「非常持ち出し袋にしまって存在を忘れてしまう」「廃棄率が高い」という特徴**を持っていました。

以前、「防災訓練に参加したら賞味期限間近のアルファ化米をもらったけど、どうすればよいですか」と聞かれたので、「簡単に作れるので早速、明日のお食事で召し上がってみてください」とお伝えしたところ、「非常食は非常時にしか食べないものなのでは？」と言われました。

「非常食」と聞くと、普段の生活では食べにくいイメージになるのでしょうか。最近では災害食、防災食などと呼ぶようになりました。

＊災害食、防災食、備蓄食⇒防災食より日常に近い食事ができるように備蓄しておく食品のこと。

▼備蓄量は？

以前は3日分の備蓄が必要と言われていましたが、今では1週間分以上の水と食料品の備蓄をすることを、政府が推奨しています。

大規模災害が発生すると、道路が寸断されることによって、物流が混乱し、公的な支援物資がすぐに到着しないリスクがあります。被害が拡大すればライフラインが停止したり、避難所が不足したりする可能性も。1週間分以上の食料品を備えましょう。

▼備蓄食材を選ぶポイント

災害食は特別な物を用意するのではなく、普段家で食べている物を活用すると、気負わず無理せず備蓄することができます。

家族や自分が好きな物、食べなれた物を選ぶこと。そして普段から食べて消費して、また買い足してください。

甘い物はストレスを和らげ、エネルギー補給効果もあります。

飲料は普段、飲みなれている物を。安心感やリフレッシュ効果があり、果汁や野菜ジュースなどは、ビタミン、ミネラルの補給になります。

〈主食になる物〉

米⇒ただし水と熱源が必要（無洗米を使用すれば水の節約になる）／乾めん（うどん、そうめん、そば、パスタなど）／カップめん／即席めん／シリアル／ホットケーキミックス／餅／アルファ化米／パンの缶詰／クラッカーなど常温保存できる物

〈おかずになる物〉

レトルト食品（カレー、スープなど）／

缶詰（魚介、肉、豆、野菜、果物など）／ビン詰（らっきょう、ピクルス、鮭フレークなど）／ドライパック（ひじき、豆、コーンなど）／乾物（高野豆腐、海藻、切干大根など）／フリーズドライ（味噌汁、スープ、カレー、パスタなど）

〈菓子など〉

ようかん／チョコレート／栄養調整食品／ナッツ／ ドライフルーツなど

〈調味料類〉

普段使いの調味料／好みの香辛料やスパイス／ごはんのお供（ふりかけ、焼きのりなど）／ジャム、はちみつなど

〈飲み物〉

緑茶／麦茶／紅茶／ウーロン茶／コーヒー／ココア飲料／炭酸飲料／スポーツドリンク／果実飲料／野菜ジュースなど

一年を通して食中毒を防ぎましょう

災害時に限らず、気温が高くなってくると、食べ物が腐りやすく、食中毒が起きやすくなります。一方、ノロウイルスなどのウイルスによる食中毒は冬に増えることから、**食中毒予防対策は一年を通して重要**です。

火や水を使わなくても安全に食べられる缶詰やレトルトなどの加工食品、衛生的な調理に役立つ使い捨て手袋やポリ袋、使い捨てできる紙皿、紙コップ、ラップ、割り箸、水が十分に使えないときに役立つ除菌タイプのウェットティッシュや手指消毒剤があると安心です。

水が使えない状況でなるべく衛生的に調理をし、安全に食事をするために、普段から食中毒予防を心がけましょう。

8 火も水も使わない「即食レシピ」——もむだけ調理

家にある物で作る 日常で役立つかんたん調理

いざ災害が起こったときは**「材料が揃わない」と嘆くより、「ある物で作る」しかありません。**家にある物を最大限いかして作りましょう。

ここでご紹介する「もむだけ調理」レシピは、**災害時に活用できるだけではなく、普段の食事のときから時短料理、節約料理として大活躍する**ものばかりです。このレシピ以外にも、お子さんと一緒に、家にある食材を探して組み合わせを考え、作ってみてください。

●本書の計量の単位は、大さじ1＝15㎖、小さじ1＝5㎖です。

もむだけ調理法

ボウルなどにポリ袋をセットすると材料をポリ袋に入れやすい。

▼

材料をすべてポリ袋に入れる。

▼

味をなじませるために、ポリ袋の上から手でもむ。

出来上がりはポリ袋のまま器にかけて召し上がってください。食べ終わってそのまま捨てると洗い物が出ません。

ミックスビーンズのナポリタン風

子どもの好きな味で食べやすく

材料：2人分

ミックスビーンズドライパック……1缶
ツナ缶……1缶
ケチャップ……小さじ2

作り方

1 ポリ袋に材料をすべて入れてよく混ぜる。

POINT
包丁もまな板も使いません。洗い物いらずの便利さです。

ごまきゅうり

きゅうりをたたいて、味をしみやすく

材料：きゅうり1本分

きゅうり……1本
ごま油……小さじ1
白すりごま……小さじ1
顆粒だし……小さじ½

作り方

1 ポリ袋にきゅうりを入れてめん棒などでたたく（ポリ袋が薄い場合は2枚重ねる）。
2 1の中にほかの材料を加えて混ぜる。

ピーラー大根と桜エビの和え物

薄切り大根だから味がすぐなじむ

材料：2人分

大根……100g
カットわかめ……大さじ1
桜エビ……大さじ1
ポン酢……小さじ1
ごま油……小さじ1
いり白ごま……適量

作り方

1 大根をピーラーで薄く削りポリ袋に入れる。ほかの材料をすべて加えて混ぜる。

たたき長いもの とろろ昆布

皮つきの長いもで栄養価アップ

材料：2人分

長いも……100g
昆布茶……小さじ1/2
とろろ昆布……1g

作り方

1 ポリ袋に長いもを入れてめん棒などでたたく（ポリ袋が薄い場合は2枚重ねる）。
2 1の中に昆布茶を加えて混ぜ、とろろ昆布をのせる。

POINT
長いもは洗ってから、皮についているヒゲ状の根が気になるようでしたら取ってください。

POINT
切り干し大根は水で戻しません。硬い場合はしばらくおいてなじませてください。

切り干し大根の塩昆布お茶和え

お茶を加えて香ばしさアップ

材料：2人分

切干大根……30g
塩昆布……大さじ１（５g）
お茶（緑茶、麦茶、ウーロン茶など）……100ml

作り方

1 ポリ袋に材料をすべて入れて混ぜる。

切り干し大根のごまさば

水なしで切り干し大根が戻せる

材料：2人分

切り干し大根……30g
鯖水煮缶……1缶
いり白ゴマ……大さじ1、おろし生姜……小さじ1

作り方

1 ポリ袋に材料をすべて入れてよく混ぜる。お好みでポン酢、マヨネーズ、めんつゆなどを加える。

POINT
切り干し大根は鯖缶の汁で戻します。硬い場合はしばらくおいて、なじませてください。

9 電気ポットを使ってあたたかごはん——ポリ袋調理

電気は比較的早く復旧
あたたかい料理で心がなごむ

ライフラインが寸断され、**限られた環境や道具でも、衛生的で簡単に調理して、栄養バランスのよい食事を摂ることが大切**です。

さらに、**あたたかいものを食べると体も心もほっこりします。**災害時のお助け調理法にカセットコンロとガスボンベ、鍋と水、高密度ポリエチレン製のポリ袋を使った「ポリ袋調理」があります。

ポリ袋調理は真空調理を応用した調理法で、旨みを逃さず、一度に複数の料理をエコに作ることができます。

真空調理をする場合は、ポリ袋の中を真空にするため水の中に入れて空気を抜きます。生の肉や魚を使うときは厳密に真空調理にしたほうが早く火が通り味もしみますが、そうでない食材を調理するときは、真空にしなくても大丈夫です。

ポリ袋の中の空気が膨らんで破裂しないように空気を抜いていますが、蒸しケーキのようにふわっと作りたいときは、わざと空気を少し残しています。

詳しい調理法は、前著『もしもごはん』に掲載。動画は清流出版のホームページで見ることができます。
http://seiryupub.co.jp/moshimogohan/

ここでは、災害時に比較的早く電気が復旧することを想定し、カセットコンロのかわりに、電気ポットを使ったポリ袋調理をご紹介します。

火を使わないので、電気ポットの中から食材を取り出すさいに、火傷に注意を払えば、子どもと一緒に作ることができます。

ポリ袋調理のメリット

- 簡単、節水、衛生的
- 鍋が汚れない
- あたたかい物が食べられる
- 何回でも水が使える
- ポリ袋の中でできあがるので、運搬も可能
- 何種類か同時に作ることができるので、アレルギーを持つ方など、個別調理が可能
- ご飯とおかずを１つの鍋で同時に調理することができる
- 炊飯器や電気ポットなど、電気調理器で調理できる

ポリ袋調理の注意点

- 慣れないと簡単ではない
- 高密度ポリエチレン製のポリ袋でないと溶ける場合がある
- 鍋の場合、鍋底の熱で穴があかないように皿を敷く
- 火傷に注意

ポリ袋調理のコツ〈真空調理の場合〉

- 食材は厚さが均等になるように平らに入れる
- 調味液は最小量で薄味にして、食べるときに調整する
- 加熱すると袋が膨張するので、しっかり空気を抜いて、袋を結ぶときにはできるだけ袋の口に近い部分で結ぶ

※ただし、ごはん、パスタ、ケーキなど、ふっくら仕上げたい物は、ポリ袋の中に少し空気を入れる

電気ポットでポリ袋調理

半熟卵のせインスタントラーメンの作り方

高密度ポリエチレン製のポリ袋にインスタントラーメンと具材を入れる。材料と作り方は97ページに掲載。

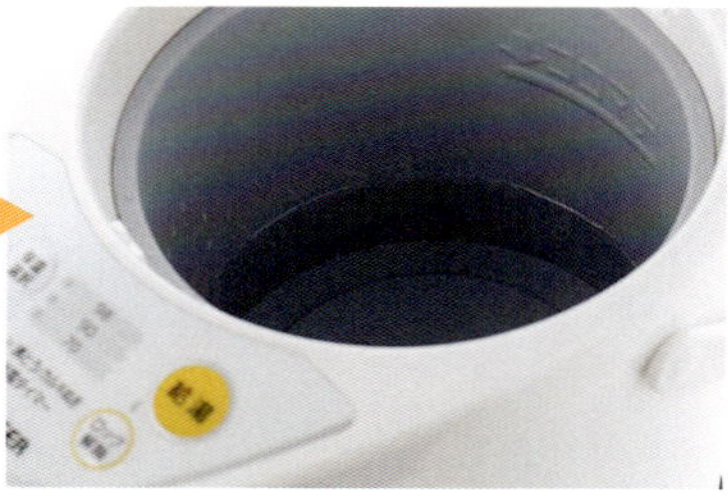

電気ポットの1/3まで水を入れて沸かす。

高密度ポリエチレン製のポリ袋に卵を入れ、ポリ袋をしっかりねじりあげる。袋の口を結ぶ。

沸騰した電気ポットの中に材料を入れる。

調理の手順

❶電気ポットの1/3まで水を入れて沸かす。

❷1台の電気ポットに入れるポリ袋の数は3パックまで。たくさん入れると吹きこぼれの原因となる。電気ポットに入れるポリ袋の中身の総重量は、容量の1/5まで（2ℓのポットなら400g、3ℓのポットなら600g程度）。

❸加熱後、電気ポットからポリ袋を取り出すときは、受け皿を用意しトングや菜箸などを使用して取り出す。火傷をしないように、ポットの蓋を開けてすぐに中を覗き込んだり、蒸気にふれないように気をつける。

▶電気ポットはポリ袋調理をすることを設定して作られていません。電気ポットを使ったポリ袋調理は自己責任になりますので、安全面には十分配慮してください。

ポリ袋と電気ポットで作るごはん＆全がゆ

無洗米でエコ調理。水の量を調節しておかゆも作れる

無洗米について

お米を研ぐ必要のない無洗米は、水の節約はもちろんのこと、環境にもやさしい便利なお米です。手間や時間が省け、冬場の冷たい水でお米を洗う辛さからも解放されるうれしい利点があります。

POINT
ごはんは大切なエネルギー源。あたたかいごはんで元気になれます。

ごはん 1 膳分

材料：1 膳分

米（無洗米）……1/2 カップ
水……1/2 カップ

全がゆ 1 膳分

材料：1 膳分

米（無洗米）……1/2 カップ
水……1 カップ

ごはんと全がゆの作り方

1 高密度ポリエチレン製のポリ袋に米と水を入れる。なるべく中の空気を抜いてポリ袋を根元からねじり上げ、上のほうで袋の口を結ぶ。
2 電気ポットの 1/3 まで水を入れ、沸騰させてから 1 を入れて、20 分経ったら取り出して 10 分蒸らす。

お好みパスタ〈一緒ゆで〉

早ゆでマカロニで水と熱源を節約

材料：1人分

早ゆでマカロニ（ペンネなど）……50g
水……200ml
好きなスープの素(コーンポタージュ、卵スープ、わかめスープなど）……1人分

作り方

1 高密度ポリエチレン製のポリ袋に材料をすべて入れて、少し空気を入れて根元からねじり上げ、上のほうで結ぶ（注：真空にするとマカロニがくっつく）。
2 電気ポットに1/3の水を入れ、沸騰させてから、1を入れて、表示の時間加熱する。

お好みパスタ〈別ゆで〉

いつでもパスタが食べられる

材料：1人分

早ゆでスパゲッティ……100g
水……200ml
好みのレトルトパスタソース……1人分

作り方

1 高密度ポリエチレン製のポリ袋に、半分に折ったスパゲッティと水を入れ、少し空気を残して根元からねじり上げ、上のほうで結ぶ(注：真空にするとスパゲッティがくっつく)。
2 電気ポットに1/3の水を入れ、沸騰させてから、1を入れて、表示の時間加熱する。

POINT
和えるだけパスタソースなどは、スパゲッティをゆでて混ぜるだけで食べられます。

ポリ袋でインスタントラーメン

栄養素がバランスよく含まれる卵をプラス

材料：1人分

インスタントラーメン……1袋
水……200ml
カットわかめ……ひとつまみ
長ねぎ……20g
別添の粉末（液体）スープ……1/2袋

作り方

1 インスタントラーメンは袋の上から4つ割りくらいに割り、高密度ポリエチレン製のポリ袋に入れる。その中に長ねぎをキッチンバサミで切りながら入れ、ほかの材料もすべて入れて、少し空気を残して根元からねじり上げ、上のほうで結ぶ。
2 電気ポットに1/3の水を入れ、沸騰させてから、1を入れて、表示の時間加熱する。

▶インスタントラーメンは表示通りの分量で作るとスープの量が多いため、災害時は捨てる場所がないと飲み干すことになります。塩分の摂りすぎになるので、作るときに水と粉末（液体）スープの量を減らしましょう。

ゆで卵〈半熟卵・固ゆで卵〉&ポーチドエッグ

材料：1人分

「ゆで卵」＝卵……1個、水……50ml
「ポーチドエッグ」＝卵……1個、水……大さじ1

作り方

1 高密度ポリエチレン製のポリ袋に、ゆで卵用は卵と水を入れ、ポーチドエッグ用は殻を割ってつぶさないようにし水を入れる。なるべく空気を抜いて根元からねじり上げ、上のほうで結ぶ。
2 電気ポットに1/3の水を入れ、沸騰させてから、1を入れて、半熟卵の場合は7分加熱。固ゆで卵の場合は15分加熱する。取り出して冷ましてから殻をむく。火傷に注意する。ポーチドエッグは5分加熱する。

磯の香りのオムレツ

青海苔でビタミン、ミネラル補給

材料：1人分

卵……2個
ツナ缶……1缶
青海苔……小さじ1
塩……少々

作り方

1 高密度ポリエチレン製のポリ袋に卵を割り入れてほぐし、そのほかの材料をすべて入れて混ぜ、なるべく空気を抜いて根元からねじ上げ、上のほうで結ぶ。
2 電気ポットに1/3の水を入れ、沸騰させてから、1を入れて15分加熱する。

煮込みもち

備蓄に最適、干し椎茸で風味アップ

POINT
椎茸は干すことで、栄養成分が凝縮され、保存性と栄養成分が高まります。

材料：1人分

もち……2個、水……100ml
白菜……1枚（20g）、干し椎茸……1枚
顆粒だし（昆布茶でも）……小さじ1/2（2～3g）
かつお節……1袋（2.5g）、しょうゆ……小さじ1/3

作り方

1 白菜と干し椎茸は適当な大きさに手でちぎるか、キッチンバサミで切りながら高密度ポリエチレン製のポリ袋に入れる。ほかの材料もすべて入れて、なるべく空気を抜いて根元からねじり上げ、上のほうで結ぶ。
2 電気ポットに1/3の水を入れ、沸騰させてから、1を入れて、20分加熱する。

POINT
常温で保存できる野菜は、
備蓄食材の優等生。

鮭と野菜の石狩鍋

鮭缶でタンパク質、野菜でビタミン、ミネラル補給

材料：2人分

鮭水煮缶……1缶（約90g）
じゃがいも……50g、にんじん……20g
白菜……50g、しめじ……20g
水……100ml、味噌……小さじ1
みりん……小さじ1、酒……小さじ

作り方

1 紙皿をまな板代わりに、じゃがいもは皮をむいて4等分に切り、にんじんは乱切り、しめじは石づきを落として小房に分ける。高密度ポリエチレン製のポリ袋に材料をすべて入れ、なるべく空気を抜いて根元からねじり上げ、上のほうで結ぶ。
2 電気ポットに1/3の水を入れ、沸騰させてから、1を入れて、20分加熱する。

▶まな板のかわりに、紙皿を使うと洗い物が少なくできます。お役立ちアイテムです。

高野豆腐と野菜の煮物

タンパク質が豊富な高野豆腐は、備蓄食品に最適

材料：1人分

高野豆腐……小15g（約5個）
水……50ml
さやいんげん……5本
プチトマト……3個
麺つゆ（3倍希釈）……小さじ1

作り方

1 高密度ポリエチレン製のポリ袋に水と麺つゆを入れて混ぜ、高野豆腐を入れる。その中にキッチンバサミでいんげんを斜めに切りながら入れ、プチトマトはヘタをとって入れる。なるべく空気を抜いて根元からねじり上げ、上のほうで結ぶ。
2 電気ポットに1/3の水を入れ、沸騰させてから、1を入れて、15分加熱する

さつまいものジュース煮

ビタミン、ミネラル、食物繊維が摂れる一品

材料：2人分

さつまいも……100g
オレンジジュース……100ml
プルーン（レーズンなど）……30g
塩……少々

作り方

1 紙皿をまな板がわりにして、さつまいもは火が通りやすいように薄めの半月切りにする。高密度ポリエチレン製のポリ袋に材料をすべて入れて、なるべく空気を抜いて根元からねじり上げ、上のほうで結ぶ。
2 電気ポットに1/3の水を入れ、沸騰させてから、1を入れて、20分加熱する。

POINT
オレンジジュースのかわりにリンゴジュースでもおいしくできます。

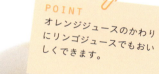

POINT
おかずの定番も、油を使わないのでヘルシーに。

なすとピーマンの味噌煮

味噌のコクが野菜にからんで美味

材料：1人分

なす……1本、ピーマン……1個
砂糖……小さじ1、味噌……小さじ1
酒……小さじ1、水……小さじ1

作り方

1 紙皿をまな板がわりにして、なすは一口大に、ピーマンはヘタと種をとって一口大に切る。高密度ポリエチレン製のポリ袋に材料をすべて入れて、なるべく空気を抜いて根元からねじり上げ、上のほうで結ぶ。
2 電気ポットに1/3の水を入れ、沸騰させてから、1を入れて、20分加熱する。

大根の煮物

胃腸の働きを助ける大根。ほっこりおいしい

材料：1人分

大根……100g
水……50ml、顆粒だし……小さじ1/4
しょうゆ……小さじ1/2
みりん……小さじ1

作り方

1 紙皿をまな板代わりにして、大根は火が通りやすいように薄めの半月切りにする。高密度ポリエチレン製のポリ袋に材料をすべて入れて、なるべく空気を抜いて根元からねじり上げ、上のほうで結ぶ。
2 電気ポットに1/3の水を入れ、沸騰させてから、1を入れて、20分加熱する。

チンゲン菜の煮びたし

しっかり味がしみこんだ和風おかず

材料：1人分

チンゲン菜……1株、油揚げ……1枚
顆粒だし……小さじ1
かつお節……1袋（2.5g）
水……大さじ1、しょうゆ……小さじ1/2

作り方

1 チンゲン菜と油揚げはキッチンバサミで食べやすい大きさに切りながら高密度ポリエチレン製のポリ袋に入れる。その中に調味料もすべて入れて、なるべく空気を抜いて根元からねじり上げ、上のほうで結ぶ。
2 電気ポットに1/3の水を入れ、沸騰させてから、1を入れて、15分加熱する。

コンビーフとかぶのトロトロ煮

コンビーフの旨みがかぶにしみこんで美味

材料：1人分

コンビーフ……1/2缶（50g）
かぶ……1個、水……50ml
おろしにんにく（チューブ）……少々
塩、こしょう……少々

作り方

1 かぶはくし形に切り、高密度ポリエチレン製のポリ袋に材料をすべて入れ、なるべく空気を抜いて根元からねじり上げ、上のほうで結ぶ。
2 電気ポットに1/3の水を入れ、沸騰させてから、1を入れて20分加熱する。

POINT
高タンパクで鉄分と亜鉛が豊富に含まれるコンビーフ。お肉もしっかり摂りましょう。

POINT
コレステロールを含まない
ココナッツミルク。抗酸化
作用、便秘解消効果も。

ココナッツホタテカレー

ココナッツミルクの甘みで、子どもも食べやすい

材料：2人分

ホタテ缶……1缶
ミックスビーンズドライパックレトルトパウチ……1袋
ココナッツミルク……200ml
カレー粉……小さじ2、コンソメ顆粒……小さじ1
小麦粉……小さじ1、塩、こしょう……少々

1 高密度ポリエチレン製のポリ袋に材料をすべて入れて混ぜ、なるべく空気を抜いて根元からねじり上げ、上のほうで結ぶ。
2 電気ポットに1/3の水を入れ、沸騰させてから、1を入れて、15分加熱する。

丸ごと玉ねぎのコンソメ煮

玉ねぎで血液サラサラ、たっぷり食べたい

材料：1人分

玉ねぎ……小1個、ツナ缶……1缶
コンソメ顆粒……小さじ1
塩、こしょう……少々、水……200ml

作り方

1 玉ねぎは根をとり皮をむき、高密度ポリエチレン製のポリ袋に入れる。缶汁ごとツナと、そのほかの材料もすべて入れて、なるべく空気を抜いて根元からねじり上げ、上のほうで結ぶ。
2 電気ポットに1/3の水を入れ、沸騰させてから、1を入れて、60分加熱する。

クラムチャウダー

体があたたまるクリーミーなおいしいスープ

材料：2人分

あさり缶……1缶
コーンドライパックレトルトパウチ……1袋
大豆ドライパックレトルトパウチ……1袋
コンソメ顆粒……小さじ1
小麦粉……小さじ1
塩、こしょう……少々、牛乳……200ml

作り方

1 高密度ポリエチレン製のポリ袋に材料をすべて入れて混ぜ、なるべく空気を抜いて根元からねじり上げ、上のほうで結ぶ。
2 電気ポットに1/3の水を入れ、沸騰させてから、1を入れて、15分加熱する。

フルーツケーキ

しっとり甘い大人も子どもも大好きケーキ

材料：2人分

ホットケーキミックス……50g
卵……1個
フルーツ缶……小1缶
(シロップ含めて190g)

作り方

1 高密度ポリエチレン製のポリ袋に卵を割り入れてほぐし、缶汁ごとフルーツと、ホットケーキミックスを入れてよく混ぜる。少し空気を残して根元からねじり上げ、上のほうで結ぶ。
2 電気ポットに1/3の水を入れ、沸騰させてから、1を入れて15分加熱する。

POINT
真空にすると出来上がりがかたくなるので、少し空気を入れてください。

10 スナック菓子を使って即食レシピ——アイデア料理

そのとき家にある物を工夫して食べる

お子さんの好きなスナック菓子を使って、一緒に楽しく作れるレシピをご紹介します。

「スナック菓子はわざわざ食べないわ」と思っている方も多いとは思います。でも、**こういう物も、ちょっと工夫すると食事になるということを知っておく**だけで、「もしも」のときに家にある物の食べ方のアイデアが出てくるのではないでしょうか。

災害時用に何かを買うのではなく、**家にある物を工夫して食べる発想の転換が必要**だと思うのです。

味見をして薄いと感じたら塩気を足したり、香辛料を加えてみましょう。

▼洗い物を出さない工夫

あらかじめカップにポリ袋をかぶせたり、ポリ袋で混ぜ合わせてからカップに入れましょう。ポリ袋がずれないように袋の口を結びます。

なんちゃって コンソメスープ

コンソメ味だからこそのお手軽スープ

材料：1人分

ポテトチップスコンソメ味……20g
お湯……100ml
塩、こしょう……少々

作り方

1 ポテトチップスは細かく砕きお湯に入れて混ぜ、塩、こしょうで味をととのえる。

POINT
温めて食べる場合は、電子レンジ（500W）で1分加熱してください。

なんちゃって コーンスープ

牛乳でまろやかスープに

材料：1人分

うまい棒コーンポタージュ味……1本
牛乳……100ml
お好みでドライパセリ……適量

作り方

1 うまい棒は細かく砕き牛乳に入れて混ぜ、お好みでドライパセリを上からかける。

じゃがりこ明太ポテサラ＆ポテチツナグラタン

具材をプラスして、おかず作り

じゃがりこ明太ポテサラ
材料：2人分

じゃがりこ（明太子ほか
お好きな味でOK）……1個
コーンドライパック……大さじ1
お湯……100ml
マヨネーズ……大さじ1

作り方

1 じゃがりこの蓋を半分くらい開けてお湯を入れ、蓋を閉じて2〜3分待ち、よくかき混ぜる。その中にマヨネーズを入れて混ぜ合わせ、コーンも入れて混ぜる。

ポテチツナグラタン
材料：1人分

ポテトチップス
（好きな味で）……20g
ツナ缶……1缶、
牛乳……50ml
シュレッドチーズ
（溶けるタイプのチーズでOK）
……20g

作り方

1 器にポテトチップスを入れて砕き、牛乳を入れて混ぜる。さらにツナ缶を入れて混ぜ、チーズをかける。

POINT
電気が使えるときは、トースターでチーズが溶けるまで焼くとさらにおいしいです。

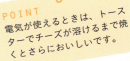

POINT
ごはんにのせると、かっぱえびせん丼に変身します。

かっぱえびせん卵とじ

えびせんが天かすがわりに！

材料：1人分

かっぱえびせん……20g
水……大さじ2、卵……1個
めんつゆ（3倍希釈）……小さじ1/2
きざみ海苔……適量

作り方

1 小さい鍋に水とめんつゆを入れ、その中にかっぱえびせんを入れて火にかける。全体が温まったら溶き卵をまわし入れ、できあがりに上からきざみ海苔をちらす。

カントリーマアム パンケーキ

しっとりまろやか、チョコチップがアクセント

材料：2人分

ホットケーキミックス……50g
カントリーマアム……2個
卵……1個、牛乳……50ml

作り方

1 カントリーマアムは袋の上からくずしておく。ボウルに卵を入れて割りほぐし、ほかの材料をすべて入れてよく混ぜる。
2 フライパンにクッキングシートを敷き、1をスプーンで形を作りながら入れ、火にかけて両面焼く。

11 味の好み、作り方は千差万別——災害食の活用法

しまいこまずに日常食として食べる

普段の料理をすべて手作りしている人もいれば、冷凍食品やレトルト食品を使っている人、こだわりがある物は手作りをして、あとは出来合いの物を活用する人など、毎日の食事の仕方は人それぞれです。**自分のライフスタイルにあった災害食の備蓄が必要**になります。

すべて手作りをしている人は、できるだけ災害発生後も自分で作ることができたほうがストレスになりません。

一方、普段レトルト食品を食べている人が備蓄によいからと乾物をわざわざ購入しても、作り慣れていないと、いざというときに調理法が思い浮かばないことでストレスになるかもしれません。自分に合った備えをしましょう。

ここでは備蓄に適したアルファ化米とレトルトおかゆのアレンジ法をご紹介します。**普段の食事に活用できて、ちょっと手を加えると、さらにおいしく食べられます。**

アルファ化米を使って

アルファ化米は水を入れてから60分後、お湯だと15分後に食べることができます。水で戻すよりお湯で戻すほうが、よりおいしくなります。硬水で戻すとおいしくないのでやめておきましょう。

アルファ化米にはうるち米タイプとももち米タイプのおこわなどもあり、味の種類も豊富なので、いろいろ揃えておくと飽きずに食べることができます。

また、水以外でもおいしく食べることができるので、家にある飲み物を入れて、好みの味を見つけてください。

野菜の栄養を補える野菜ジュースはおすすめです。ただし、野菜ジュースのように濃度があるものは、浸透圧の関係で戻す時間が少し長くかかります。

アルファ化米の作り方

アルファ化米の袋を開け、中に入っている脱酸素剤とスプーンを取り出す。内側の注水線まで水（湯）を注いで、袋の口を閉めて規定の時間をおく。

▶お試し飲料

お茶／麦茶／野菜ジュース／トマトジュース／オレンジジュース／リンゴジュース／コーヒー／紅茶（砂糖、ミルクなし）／青汁など

レトルトおかゆを使って

おかゆには、レトルトパウチ、缶詰、フリーズドライタイプがあり長期保存に便利です。さまざまな種類があるので、自分の好みの物を備蓄してください。

賞味期限切れになる前に、洋風、和風、中華風など、自分の好みの味にカスタマイズして食べましょう。

▶＋αの調味料
昆布茶／梅昆布茶／顆粒だし／コンソメ／鶏ガラだし／中華だし／めんつゆ／カレールウ／顆粒クリームシチューなど

▶トッピング
海苔の佃煮／なめ茸和え／ザーサイ／梅干し／かつお節／山椒ちりめん／ごま／ゆかり／ふりかけ／刻み柴漬け／ごま油／ラー油／山椒／粉チーズなど

▶フリーズドライ
卵スープの素／わかめスープの素／もずくスープ・味噌汁など

▶缶詰
鶏ささみ缶／ツナ缶／ホタテ缶／カニ缶など

中華がゆ
ザーサイ＋鶏ささみ缶＋ごま油

和風リゾット
めんつゆ＋海苔の佃煮＋粉チーズ

リゾット
顆粒クリームシチュー＋ツナ缶＋粉チーズ

ホタテがゆ
ホタテ缶＋ごま油＋白ごま

12 賞味期限切れを防ぐ——レトルト食品アレンジレシピ

アレンジすれば料理のレパートリーが広がる

缶詰、ビン詰、レトルト、乾物など、**常温保存ができて日持ちする食材は、災害用の備蓄に向いています。**

賞味期限はそれぞれ違いますので、うっかりすると賞味期限切れになってしまうことも。そうならないように、普段の食事で食べるローリングストックをおすすめします。

カセットコンロとガスボンベも準備しておけば、災害時にライフラインが停止しても、ポリ袋調理でごはんを炊いたりパスタをゆでることができます。**一緒にレトルト食品を温めれば水を汚さずに、**

温かい料理を食べられます。ここでは普段の食事で活用できるレトルト食品のアレンジレシピをご紹介します。そのまま食べてもおいしいのですが、アレンジすると料理のレパートリーが広がるので試してみてください。

レトルトカレーを使って

レトルトカレーの歴史は、1968年2月、大塚食品が世界初の市販レトルト食品「ボンカレー」を阪神地区で限定発売したのが始まりです。以来「ご当地カレー」なども含め、さまざまな種類のレ

トルトカレーが発売されています。最近では朝食やお弁当用のミニサイズで温める必要のない商品も販売されています。
普段からレトルトカレーがお好きな方は、災害が起きたあと、自分の好きなレトルトカレーが食べられたら嬉しいかもしれません。そのために好みの物を備えておきましょう。

マッシュカレー

子どもも大好き、止まらないおいしさ

材料：2人分

レトルトカレー……1袋
じゃがいも……中2個（400g）
シュレッドチーズ……50g
コーンドライパックレトルトパウチ……1袋
コンソメ顆粒……小さじ1、パン粉……1カップ（30g）
オリーブオイル……大さじ2、ドライパセリ……適量

作り方

1 皮をむいて適当な大きさに切ったじゃがいもをゆでるか、電子レンジで加熱して、熱いうちに耐熱容器の中でマッシュする。その中にカレー、シュレッドチーズ、コーン、コンソメ顆粒を加えて混ぜ合わせ、ラップをして電子レンジで2分加熱する。
2 ポリ袋にパン粉とオリーブオイルを入れて混ぜ、平らにした1の上に広げてのせてトースターで5分焼き、ドライパセリを散らす。

レトルトカレーは袋のまま湯煎するか、器に移し替えて電子レンジで温めて調理するだけで、一食分のカレーライスを作って食べることができるので、子どもから高齢者まで、幅広い層に日常的に食べられています。

カレー豆腐グラタン

マカロニのかわりに豆腐を使ってダイエット

材料：1人分

レトルトカレー……1袋
木綿豆腐……1丁（200g）
シュレッドチーズ……適量

作り方

1 豆腐をキッチンペーパーで包みラップをしないで電子レンジで2分加熱して水切りする。適当な大きさに切り耐熱容器に入れ、レトルトカレーをかける。上にシュレッドチーズをのせ、トースターで焼き色がつくまで焼く。

カレー春巻き

調味料いらずの簡単おかず

材料：2人分

レトルトカレー……1袋
春巻きの皮……10枚
春雨……50g
サラダ油……適量
お好みでチャービル……適量

作り方

1 レトルトカレーの中身を小さめのお鍋に入れて弱火で温め、その中に春雨をキッチンバサミで切りながら入れて火を止める。蓋をしてしばらくおいて春雨にカレーの水分を吸わせる。
2 春巻きの皮に冷めた1をのせて、左右の皮を折り込んで手前から巻き、巻き終わりに水をぬってとめる。
3 フライパンにサラダ油を熱し、春巻きを揚げ焼きにする。お好みでチャービルを添える。

POINT
春巻きの具は火が通っているので、フライパンに少量の油を引き、揚げ焼きに。

レトルトパスタソースを使って

レトルトパスタソースは味のバリエーションがとても豊富で、スパゲッティ以外にも活用できます。

和えるだけのソースや冷やして食べるソースもありますので、普段から活用して、「もしも」のときの備えにしてはいかがでしょうか。

◆たらこソース

じゃがバターたらこ

レンチンするだけ

材料：1人分

じゃがいも……1個（100g）
たらこソース……適量
バター……適量

作り方

1 じゃがいもを洗い、ぬれたままキッチンペーパーで包み、ラップに包んで電子レンジで4～5分加熱する。
2 1のじゃがいもに十字の切りこみを入れ、熱いうちにバターをのせて、たらこソースをかける。

最近のパスタソースは、種類が多く選択の幅がずいぶんと広がりました。定番のミートソースやたらこのほかにも、ボンゴレビアンコやジェノベーゼ、うにやカニソースなどあります。洋風だけにとどまらず、胡麻坦々、納豆、梅、ネギ塩などもありますので、お好みの味を探してみてください。

◆たらこソース

たらこトースト

朝食に、ブランチに、おつまみに

材料：1人分

食パンやバケット……適量
マーガリン……適量
たらこソース……適量
別添えきざみ海苔……適量

作り方

1 パンにマーガリンをぬり、上からたらこソースをぬる。
2 オーブントースターで焼き色がつくまで焼き、上からきざみ海苔をかける。

◆たらこソース

たらこつくね

お弁当にもぴったり

材料：2人分

鶏ひき肉……200g
青ネギ（小口切り）……30g
たらこソース……1袋（約25 g）
ごま油……小さじ1、青じそ……10枚

作り方

1 ボウルに鶏ひき肉、小口切りの青ネギ、たらこソースを入れてよく混ぜて、丸く10個成形する。
2 フライパンにごま油を熱し、1を入れ、焼き色がついたらひっくり返し、蓋をして中まで火を通し、両面がきつね色になるまで焼く。お皿に青じそを敷き上にのせる。

◆明太子ソース

冷やし豚しゃぶ明太子和え

豚肉で疲労回復、野菜もたっぷり摂れる

材料：1人分

豚薄切り肉……100g
水菜……1株
もやし……1/2袋
明太子ソース……1人分

作り方

1 もやしはさっとゆでて水気をきり、冷ます。水菜は3cm長さに切る。
2 豚肉を食べやすい大きさに切り、ゆでて冷水にさらして水気をきる。
3 1と2を皿に盛り、明太子ソースをかける。

◆明太子ソース

大根の明太子サラダ

ピリ辛味がくせになる

材料：1人分

大根……100g
青じそ……3枚
明太子ソース……1/2～1袋

作り方

1 大根と青じそを千切りにして明太子ソースと混ぜる。

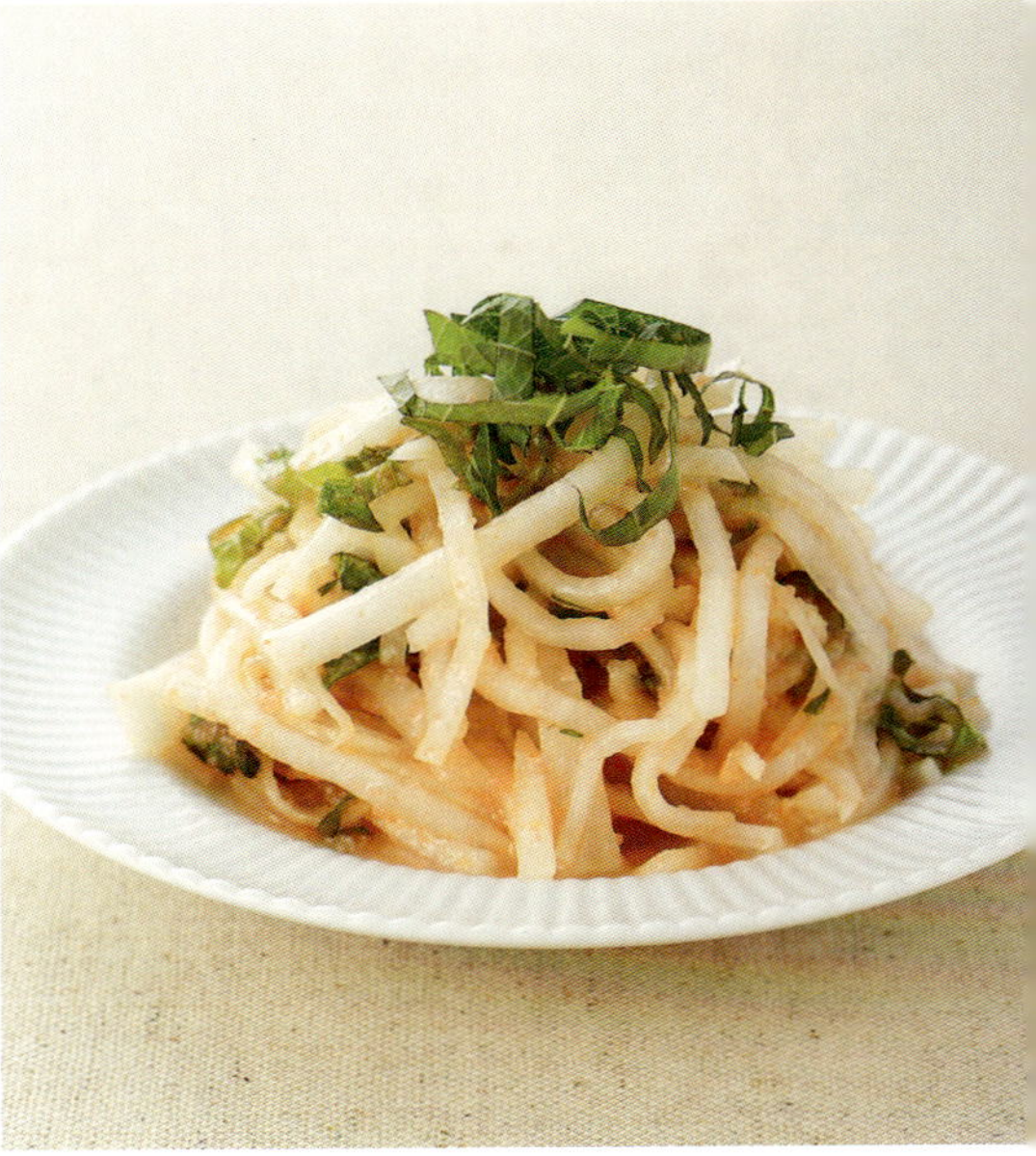

◆ジェノベーゼソース

きのこアヒージョ

スペインバルの定番をわが家でも

材料：1人分

きのこ（マッシュルーム、エリンギなど）
……合計150g
ベーコン……25g、にんにく……1かけ
エキストラバージンオリーブオイル……50g
塩……少々、黒こしょう……少々
ジェノベーゼソース……適量

作り方

1 にんにくの芯を取り、粗みじん切りにする。きのこは一口大に、ベーコンは短冊切りにする。
2 フライパンにエキストラバージンオリーブオイルを熱し、材料をすべて炒め、最後にジェノベーゼソースを入れて混ぜる。

◆ジェノベーゼソース

サーモンのジェノベーゼソース

サーモンのアスタキサンチンで抗酸化

材料：1人分

サーモン……1切
塩、こしょう……少々、サラダ油……少々
ジェノベーゼソース……適量
付け合わせプチトマト……適量
付け合わせクレソン……適量

作り方

1 フライパンにサラダ油を熱し、塩、こしょうをしたサーモンを両面焼く。
2 クレソンとプチトマトをのせた器に1を盛りつけ、ジェノベーゼソースをかける。

◆ペペロンチーノソース

たことなすのマリネ

たこのタウリンが肝機能に働く

材料：2人分

たこ……100ｇ、なす……2本（140g）
トマト……1個、オリーブオイル……小さじ1
ペペロンチーノソース……1袋
サラダ菜……適量
お好みでパセリみじん切り……少々

作り方

1 たこは一口大に、なすとトマトは2cmの角切りにする。フライパンにオリーブオイルを熱し、なすを炒める。なすがしんなりしたら、たこを加えて炒める。
2 トマト、1、ペペロンチーノソース、トッピングを混ぜ合わせ、冷蔵庫で冷やしてなじませ、サラダ菜を敷いた器に盛る。

◆ペペロンチーノソース

じゃがいもベーコン炒め

ワインにも、ビールにもぴったり

材料：2人分

じゃがいも……中2個（200g）
ベーコン……30g、ミニトマト……6個
ペペロンチーノソース……1袋

作り方

1 じゃがいもは皮をむいて薄切りにし、ラップをして電子レンジで3分加熱する。
2 フライパンにペペロンチーノソース、1のじゃがいも、ベーコン、ミニトマトを入れて炒め、さらに別添えのトッピングを入れて混ぜ合わせながら炒める。

POINT
油を使わず、ペペロンチーノソースで炒めます。

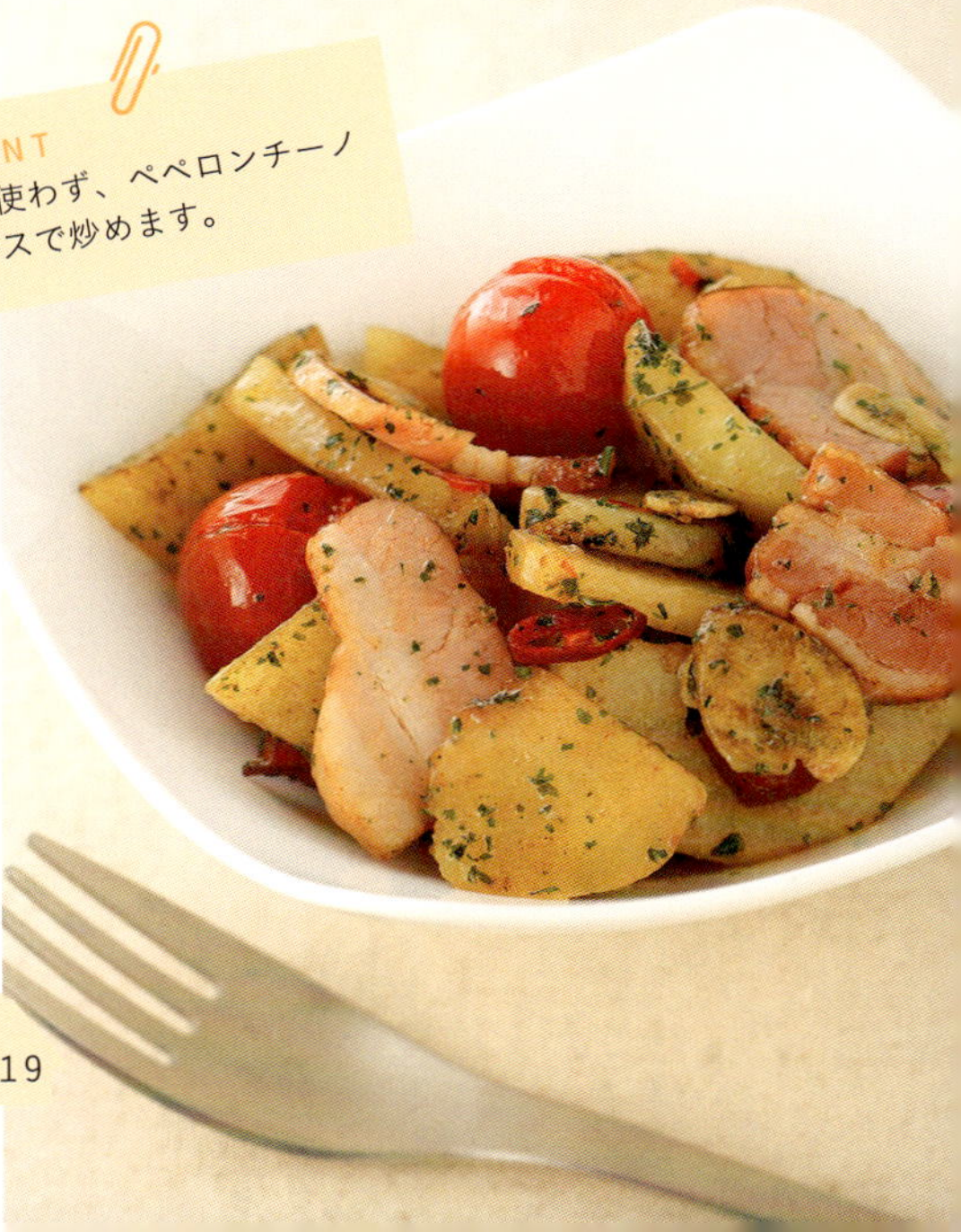

◆カルボナーラソース

カルボナーラうどん

とろり濃厚ソースがうどんにからむ

材料：1人分

冷凍うどん……1玉（220g）
ベビーリーフ……1/2パック
半熟卵……1個
カルボナーラソース……1人分

作り方

1 うどんは袋の表示通りにレンジで加熱し、カルボナーラソースをからめる。
2 器に1を盛りつけ、ベビーリーフ、半熟卵の順にのせる。

◆カルボナーラソース

カルボナーラ パングラタン

残りもののパンがおいしく変身

材料：1人分

食パン……1枚
カルボナーラソース……1人分
プチトマト……2～3個、シュレッドチーズ……適量
お好みでパセリみじん切り……少々

作り方

1 食べやすい大きさに切った食パンを耐熱皿に入れて、カルボナーラソースをかける。ヘタをとって半分に切ったプチトマトとシュレッドチーズをのせてトースターでチーズに焦げ目がつくまで焼く。お好みでパセリのみじん切りをのせる。

◆ボンゴレビアンコソース

ボンゴレ炊き込みご飯

洋風あさりご飯が簡単に

材料：炊飯器1合分

無洗米……1合
水……1合分よりやや少なめ
ボンゴレビアンコソース……1袋
パセリ（粗みじん切り）……1束（20g）

作り方

1 パセリは固い芯の部分を取り除き、葉は粗みじん切りにする。
2 炊飯器に米と1合のメモリまで水を入れ（やや少なめ）、ボンゴレビアンコソースを加えて炊く。炊き上がったらパセリみじん切りを加えて全体を混ぜる。

◆ボンゴレビアンコソース

クラムチャウダー

牛乳を加えて温めるだけ

材料：2人分

牛乳……200～300ml
ボンゴレビアンコソース……1袋
お好みでドライパセリ……少々

作り方

1 鍋に牛乳とボンゴレビアンコソースを入れ、混ぜながら温める。器に盛りお好みでドライパセリをかける。

◆うにクリームソース

クリームきのこ

濃厚ソースでちょっとぜいたくおかず

材料：2人分

きのこ数種類（しめじ、えのき、エリンギなど）……合計200g
うにクリームソース……1袋

作り方

1 きのこは食べやすい大きさに切り、耐熱容器、またはシリコンスチーマーに入れて、ラップまたは蓋をし電子レンジで5分加熱し、出来上がりにうにソースを混ぜる。

◆ミートソース

ミートソースもち

こってりソースがお餅に合う！

材料：1人分

もち……2個
ミートソース……1人分
シュレッドチーズ……適量

作り方

1 もちは電子レンジで加熱するか、お湯でゆでてやわらかくする。
2 耐熱容器に1の餅、ミートソースを入れて、上からシュレッドチーズをのせオーブントースターでチーズに焦げ目がつくまで焼く。

MOSHIMO COLUMN

5

冷凍食品活用法

普段よく使う食品は、使いきる前に買い足すなど、冷蔵庫・冷凍庫内にもストックしておくと安心です。

停電したときはまず、できる限り冷蔵庫の物から活用しましょう。安全のため、停電をしたあとはちくわ、ハムなども火を通すようにし、時間が経過したものは食べるのは控えてください。

特におすすめなのは冷凍食品。停電したあとでも、冷凍食品はまず保冷剤の役目を果たし、そのまま自然解凍で食べられる物が多くあります。市販されているお弁当用などの冷凍食品で「自然解凍でもOK」とパッケージに書いてある冷凍食品はもちろん大丈夫ですが、「電子レンジで温め」と書いてあるものでも、案外大丈夫です。私はいろいろ試してみました。

冷凍スパゲッティ、焼きうどん、焼きそばはおいしくいただけました。冷凍グラタンも大丈夫です。炒飯、ピラフ、ドリア、焼きおにぎりなどのお米製品は、自然解凍でも食べられますが、お米の芯が残った感じでやや固いと感じました。

また、普段自分で調理した鶏のから揚げ、オムレツ、魚の南蛮漬け、インゲンの胡麻和え、金平ごぼうなども冷凍していますが、自然解凍で食べられます。写真下が自然解凍したあと。お弁当にも使えますね。

鶏のからあげ

魚の南蛮漬け

金平ごぼう

おわりに

私は普段、防災食についての講演、講座を行っており、行政、企業、学校、幼稚園、お寺、地域、イベント、先生に、お子さまに……と、全国を飛びまわっています。「今は日本全国どこにいても災害が起きる」と、皆様、危機感をお持ちになっているのではないでしょうか。

被災された方の声を聞き、防災に関する資格取得のための勉強をし、自分でいろいろと試しながら日々学んでいると、今までよいと思っていたことが変わることがあります。

そのため講演、講座でお伝えする内容が以前と少し変わる場合があります。書籍においても同様で、今一番よいと思うこと、最善の策だと思うことをお伝えしています。読者の皆様も常に新しい情報を得るようにしてください。人によってお伝えすることが違うこともあるでしょう。防災には正解がないので答えは千差万別、様々な方法を知り、自分に合うやり方を見つけてください。

本書のレシピは、今まで作った災害食レシピより、一層、簡単になっています。

災害が起きたあとも健康でいるためには、栄養のバランスがとれた食事を適量とることが大切です。しかし毎食「栄養、栄養」と言っていると、食事作りがストレスになることもあるので、私はストレスフリーでいるために、自分の好きな物を組み合わせて手軽に作り、適度に手を抜こうと思います。どのレシピも簡単、時短レシピでおいしいので、ぜひ普段の食事で作ってみてください。

何もしてないように見せかけて、実はレトルト食品が多めにストックしてある、普段からポリ袋調理をしている、など生活そのものが災害への備えになっていることが理想です。

小学校時代のガールスカウトの体験から、「安心・安全」を身につけるには、「危ないことをしない」のではなく、「危険なことを知り、その対処法を考える」ことが大切だとわかりました。さまざまな体験をすることは、「もしも」のときに必ず役に立つと思います。

災害の備えが、日常の当たり前になることを願ってやみません。本書が少しでも皆様のお役に立つことができたら幸いです。

2017年7月

今泉マユ子

今泉マユ子｜いまいずみ・まゆこ

管理栄養士、防災士、災害食専門員。1969年生まれ。現在、神奈川県横浜市在住。管理栄養士として大手企業、病院、保育園に長年勤め、2014年に管理栄養士の会社を起業。企業アドバイザーとしてレシピ開発、商品開発に携わるほか、食育、スポーツ栄養、災害食に力を注ぎ、講演、講師活動を行う。junior野菜ソムリエ、水のマイスター、環境アレルギーアドバイザーなどの資格も持つ。NHKテレビ「あさイチ」「おはよう日本」、日本テレビ「ヒルナンデス！」TBSテレビ「マツコの知らない世界」「王様のブランチ」ほか、テレビ、ラジオ出演多数。新聞、雑誌でも幅広く活躍中。著書に『かんたん時短、「即食」レシピ　もしもごはん』『体と心がよろこぶ 缶詰「健康」レシピ』、石川伸一氏と共著『「もしも」に備える食　災害時でも、いつもの食事を』（清流出版）、『からだにおいしい缶詰レシピ』（法研）がある。

公式ホームページ：「オフィスRM」http://www.office-rm.com/

オフィスRMの登録商標：「即食レシピ®」登録第5894152号／「防災ランチ®」登録第5905761号

「もしも」に役立つ！ おやこで防災力アップ

2017年8月15日　初版第1刷発行

著　者　今泉マユ子

発行者　藤木健太郎

発行所　清流出版株式会社

〒101-0051
東京都千代田区神田神保町3-7-1
電話　03-3288-5405
編集担当　松原淑子
http://www.seiryupub.co.jp/

印刷・製本　大日本印刷株式会社

乱丁・落丁本はお取替えします。
ISBN 978-4-86029-466-3

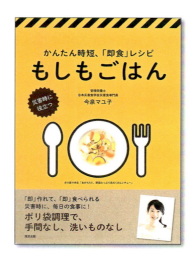